EL KAMA $UTRA DEL VENDEDOR

El arte de seducir a tus clientes y multiplicar tus ventas en 30 días.

ISRAEL NAVARRO

El kamasutra del vendedor

Primera edición: septiembre, 2023
D.R. © 2023, Israel Navarro Aguilar
D.R. © 2023, derechos de edición en español y otros
idiomas: Ordinal, S.A. de C.V.

Avenida de la Primavera 1874, Parques Vallarta,
Zapopan, Jalisco, C.P. 45222.

Diseño de interiores: Alejandro Cruz

www.ordinalbooks.com
contacto@ordinalbooks.com

D.R. © Ordinal, S.A. de C.V.

ISBN: 978-607-59545-7-8

Impreso en México
Printed in Mexico

La sabiduría del deseo o por qué llegarle al Kamasutra

Éste no es un libro de posturas sexuales o una colección de imágenes exuberantes, pero sí, igual que el *Kama Sutra* clásico, es un volumen para seducir, sonreír, conseguir, conquistar y alcanzar metas. Este *Kamasutra del vendedor* es una guía práctica para atraer y conectar emocionalmente con el éxito en los negocios.

En el texto hindú atribuido a Vatsyayana, en el siglo ii de nuestra era, se explica que hacer el amor es el «arte de jugar con el otro», de descubrir los puntos sensibles para darse placer **mutuamente**, tener en cuenta las diferencias entre ambos contendientes amorosos y encontrar una unidad divina. Aquí aprenderemos a satisfacer las necesidades de un cliente, a hacerlo sentir especial, único, valioso, exclusivo y, de paso, también lograr lo que deseamos como vendedores, emprendedores y gente de negocios.

Kama Sutra y Kamasutra

Un sutra es una compilación de conocimientos; los hay de muchas tendencias, a manera de aforismos, de largos discursos e incluso en forma de disciplina física. Por otro lado, el vocablo *kama*, proveniente del sánscrito, pude traducirse como «amor» o «deseo».

Te estarás preguntando: ¿y todos estos datos para qué, si yo lo que quiero es vender coches, planes de telefonía, ositos de goma o rico menudo y pozole los domingos?

Entendamos que el *Kama Sutra* ha ayudado a millones de personas a encontrar la plenitud y felicidad por siglos, lo mismo este libro, que pretende que tú, como vendedor, tengas una conexión especial con tus clientes para entender y descubrir sus necesidades más ocultas e íntimas y, además, te diviertas intentándolo.

El *Kama Sutra* despeja las dudas que un extenso y complicado tratado académico de sexualidad jamás conseguirá. Este *Kamasutra del vendedor* desea darte mucha de la sabiduría, conocimiento, técnica y arte que se requieren para tener éxito en los negocios, en lugar de aventarte un montón de teoría en cientos y cientos de páginas inútiles.

Cachondeo intenso

El sexo y la intimidad son buenas maneras para resolver las tensiones de la vida diaria en una pareja. Ahora, imagina si le agregas el toque mágico del *Kama Sutra*, un poco de lubricante y un par de poleas en el techo. ¡Uff! Entrarás en otro nivel.

Este cachondeo suele realizarse, en el mejor de los casos, de manera sutil; sin embargo, siempre existe el miedo al rechazo, a no hacerlo bien, a perder a una persona e, incluso, hay un *terrorcito* a nuestro propio cuerpo. En las ventas pasa lo mismo, tenemos miedo al rechazo, a no tener la técnica correcta, a no desempeñarnos bien, a perder a un cliente e, incluso, a nuestra propia inseguridad y falta de recursos.

El *Kama Sutra* es un tratado con intenciones científicas y educativas, creado para enseñar a hombres y mujeres el comportamiento que deben tener ante el deseo, y cuyas indicaciones servirán para conseguir una feliz vida amorosa. Este *Kamasutra del vendedor* hará lo mismo por ti en las ventas y en los negocios.

> *Ya has llegado hasta este libro, ahora, déjate cachondear, aprende a seducir y pásatelo muy, muy bien, mientras te conviertes en el vendedor más sexy, atractivo e irresistible del mundo.*

Pasión por servir

Cuando sentimos deseo por una persona el mundo cambia, sacamos desde el fondo de nuestra alma (y de nuestro lívido) una energía exuberante que nos inflama las venas y nos impulsa a conseguir lo imposible. En el mundo de los negocios y las ventas, la pasión por servir es el imán para conquistar el éxito y, por lo tanto, atraer el dinero.

Si bien la definición del término «pasión» implica sacrificio, éste es un sacrificio sublime, pues el objetivo que está detrás de esa pasión es tan elevado, que elimina cualquier sufrimiento. Un padre o una madre que trabajan todo el día, pueden estar cansados, sin dormir bien, con achaques, pero es tanta la pasión por sus hijos, que nada importa, nada duele. En el juego del amor, la pasión es esa *petite mort* que se sacrifica en un orgasmo.

Prestar un servicio debe incluir esa pasión. Si el objetivo central de un vendedor o una persona de negocios es que sus clientes estén satisfechos, contentos y sus necesidades queden cubiertas, el esfuerzo que implica prestar ese servicio quedará diluido por la sublime satisfacción de hacer bien su trabajo y, al mismo tiempo, esa excelencia en el servicio generará ganancias.

Servicial y orgulloso

Para muchas personas, *servir* es un término que implica humillarse, sobajarse, pero nada está más alejado de la verdad. Servir no es lo mismo que ser servil. «En el servilismo no hay virtud», diría Ricardo Flores Magón.

Servir no significa ser agachón, desconfiado o ponerse de tapete. Todos los seres humanos servimos en menor o mayor medida, así como todos somos clientes de alguien. Hasta el empresario multimillonario y exitoso es un servidor, pues su fortuna está hecha de obtener una ganancia a cambio de algo que cubre las necesidades de otra persona, sólo que lo hace desde la punta de una gran estructura.

> *Mientras en los negocios se mantenga la dignidad, la honestidad, la honradez y la confianza, cualquier servicio será sublime.*

Servir, así nomás

La palabra «servicio» (acción y efecto de ejercer un cargo o de encargarse de alguien) viene del latín *servitium*, (atender, cuidar, servir, ser esclavo, adaptarse a otro o a otra cosa) de donde tenemos las palabras servir, siervo y sargento. La Real Academia Española de la lengua (RAE) tiene muchas definiciones para la palabra «servir», pero para nuestros fines tomemos seis de estos aspectos:

1. «Estar al servicio de alguien»

Trabajar y trabajar; esto no significa ser un asalariado, sino poner empeño para satisfacer la necesidad de un cliente y, de paso, así trabajamos para nuestro propio beneficio.

2. «Estar sujeto a alguien por cualquier motivo haciendo lo que él quiere o dispone»

Si crees que en los negocios y las ventas el mundo está a tu disposición, te equivocas, es al revés: vendas lo que vendas, hagas lo que hagas, allá afuera hay un mercado al que te debes.

3. «Ejercer un empleo o cargo propio o en lugar de alguien»

Imagina que vendes teléfonos y servicios celulares. Todos esos usuarios, ricos o pobres, son tus clientes, es decir, estás a su servicio, te *alquilas* para ellos, por eso es necesaria la dignidad.

4. «Hacer las veces de otro en un oficio u ocupación»

En los negocios y las ventas es necesaria la empatía en el servicio, o sea, ponerte en los zapatos de un cliente o un prospecto para atenderlo y acariciarlo como a ti te gustaría.

5. «Aprovechar, valer, ser de utilidad»

Aportar valor a tus clientes, a tus jefes, a tu negocio, a tus empleados y al mundo. Servir, servir de algo, servir de mucho, cambiarle el día para bien a cualquiera que entre a tu oficina.

6. «Obsequiar a alguien o hacer algo en su favor, beneficio o utilidad»

Se trata de ganar-ganar, no de pasarse de listo, tranzar o andar de malandro. Sé honesto, recuerda que el karma es un cliente más gandalla que cualquiera.

*Cuando los clientes detectan que alguien está dispuesto a
servir con pasión, siempre estarán abiertos a pagar.*

Suficiente pasión

Las ventas y los negocios requieren ciencia, arte y técnica, es decir, conocimiento, alma y disciplina, así que seguramente tener pasión no será suficiente para alcanzar el éxito, pues no hay fórmulas mágicas; sin embargo, este sacrificio sublime por servir sí es un primer paso.

Podrás tener el mole más rico del mundo (estudios, oficinas, capital, etcétera), pero siempre te hará falta el guajolote: la pasión por servir, que es un ingrediente importantísimo en este gran banquete del mundo de los negocios.

Saber servir es un gran negocio.

Vender para emprender

Emprender
Del lat. *in* «en» y *prendĕre* «coger».
1. tr. Acometer y comenzar una obra, un negocio, un empeño, especialmente si encierran dificultad o peligro.

La palabra clave en la definición de emprender es «peligro», pero ese riesgo es mucho mayor si no entendemos una cosa: cualquier emprendimiento, desde velas aromáticas, fruta orgánica, pláticas motivacionales o lectura adivinatoria de la mugre de las uñas, hasta proyectos con grandes presupuestos e infraestructura, todos, absolutamente todos, ofrecen algún producto o servicio.

> *Ojo: no es lo mismo ofrecer a la brava y sin un proceso, que vender de manera estructurada y con una metodología.*

Todos los días descubro que muchísimos emprendedores no tienen ni la mínima idea de cómo vender; no saben ni lo más básico y nunca se tomaron la molestia de pagar un curso de ventas para principiantes, pero eso sí, tienen el sueño y el entusiasmo de querer comenzar un negocio.

Sinceramente, un emprendedor que no tiene nociones de **VENTAS** (así, grandote y en negritas), va a sufrir; va a poner su fuerza, su tiempo, su dinero y su esperanza dando golpes al aire.

Despertar financiero

Podemos tenerlo todo para comenzar un negocio: tarjetas, papelería, oficina, entusiasmo, una secretaria voluptuosa y hasta una gran idea para vender, pero lo principal es tener los ojos abiertos, pasar por una epifanía financiera para darnos cuenta de que con el entusiasmo no basta; hay que tener nociones comerciales y de ventas, cambiar nuestro chip de empleados al de gente de negocios. Tenemos que pasar de ser emprendedores a empresarios, y para eso se necesita conocimiento.

> *El gran despertar consiste en tener una fuerza de ventas.*

Pensemos en el ejemplo de lectura adivinatoria de la mugre de las uñas. Si alguien tiene el don de pitonisa y sabe que hay un público interesado por conocer su futuro, no basta con poner una mesita afuera de su casa; se necesita una fuerza de ventas, una planeación estratégica, coaching financiero, análisis de mercado y un *nerworking* para ser exitoso y estar al nivel de Walter Mercado.

Este ejemplo es muy exagerado, pero pensemos en los miles negocios que fracasan todos los días por pensar que con una bella sonrisa es suficiente. ¿Cuántas veces hemos visto morir a una gran idea y triunfar a una idea mediocre; cuántas veces hemos presenciado la quiebra de un puesto de quesadillas buenísimas y el triunfo de unas tortas de medio pelo y caras? ¿Te has preguntado cuál es la diferencia entre el éxito y el fracaso? Ese factor es el despertar financiero, la planeación, el marketing, la pasión por servir, el conocimiento, el arte, la técnica y las **VENTAS**.

Cuando alcanzas este despertar financiero y sabes vender, puedes emprender cualquier tipo de negocio, de lo que sea, aunque no tengas el don de pitonisa o no seas un especialista en el tema, porque sabes hacer negocios. Muchas veces vemos a gerentes de ventas exitosos de una industria *equis* pasarse a una empresa de un ramo totalmente distinto y seguir triunfando en grande, y eso es porque saben lo que hacen, son sabuesos para los negocios porque son unos vendedores *chingones* aquí y en China.

> *¿Quieres emprender? Tienes que saber vender. ¿Sabes vender? Cambia tu chip y siéntete empresario.*

Emprendimiento democrático

¿Emprender es para todos? Ésta es la pregunta del millón. Dicen que sólo 9% de los habitantes de este mundo tienen el carácter para ser emprendedores, y no por ello hay garantía de éxito.

> *Y es que para emprender se necesita carácter. Emprender es un deporte extremo.*

Sin embargo, si hablamos de meras transacciones comerciales, cualquiera puede vender, desde chicles en la calle hasta subir un anuncio a Amazon y esperar con los brazos cruzados. Eso no es ser un emprendedor porque no genera un proceso ni lleva detrás una maquinaria. El emprendedor debe pensar en crecer, en evolucionar, en innovar y aportar valor, no sólo en sacar para los gastos de la vida.

> *Un vendedor, un verdadero hombre de negocios, no sólo pretende ganar dinero, también está buscando ganar su libertad creativa, de tiempo, de movilidad y financiera.*

Quien formaliza un emprendimiento, además, es alguien que piensa en el futuro, en la seguridad social, en el retiro, en el ahorro y, por supuesto, en su satisfacción personal, que por lo regular está ligada a la profesional.

Lanzarse al ruedo empresarial genera empleos y riqueza para los trabajadores y socios, aporta a su país a través del pago justo de impuestos, permite el desarrollo de sus colaboradores y genera un estado de bienestar. Emprender no se trata nada más de salir a vender lo primero que se me ocurra.

Consejos del Kamasutra para un emprendedor virgen

Si eres un emprendedor novato que se va a lanzar a conquistar el cuerpo y el alma del negocio anhelado, aquí te dejo algunos consejos de un viejo casanova en las artes amatorias del *business world*.

1. No te muestres urgido

Mi joven y virgen emprendedor, que no se te note que es tu primera vez y ya andas muy necesitado. Como en el amor, lo peor que puedes hacer es mostrarle tu desesperación al ser amado. Debes ser firme, seguro, confiado.

2. Mantén encendidas varias velitas

No te la juegues en una sola carta. Diversifica tus posibilidades, por si una falla, ahí tienes otra; como quien dice, no te claves con una sola almohada, que en el mundo somos casi 7,600 millones de habitantes como para depositar nuestra satisfacción en una sola posibilidad. En los negocios, entre más prospectos, mayores posibilidades de éxito.

3. Seguimiento perro

Así como en el ligue mandamos mensajito en la mañana, un *whatsapp* en la noche, le damos *like* a sus publicaciones y todo lo que podemos para entrar en la cabeza de la otra persona, así, igualito, en los negocios: una llamada, un correo, una cena desinteresada, es decir, ganarnos la confianza y ser los mejores aliados para de pronto, ¡zaz!

4. Conviértete en el chamuco

Así como en la serie de televisión *Lucifer*, el personaje principal se acerca a la gente, la mira a los ojos con unas pupilas alucinantes y les pregunta en corto «¿Qué es lo que deseas?», así en el amor, en los negocios y en las ventas tenemos que averiguar los gustos de nuestros prospectos, sus necesidades y sus carencias. para poco a poco satisfacerlos en todo.

5. Sé adictivo

Napoleón Bonaparte decía que para conquistar a las personas no tienes que alabar sus virtudes, sino satisfacer sus necesidades. Piensa siempre que hay un abismo entre un comprador y un consumidor; el primero realiza una transacción monetaria contigo, el segundo es constante, es tu fan, confía en ti. Cuando te ganes a ese consumidor, quiérelo bonito, cachondéalo todos los días.

> *Si no sabes sobre ventas, aprende, mantén siempre el control comercial de tu empresa; no dejes al amor de tu vida al cuidado de los lobos.*

El ADN del vendedor exitoso

Puede haber cientos de rasgos o competencias que conforman el ADN de un vendedor. Algunos, como la forma de relacionarse y la resolución de problemas, no deberían ser una sorpresa; otros, como tomar la iniciativa, dedicar tiempo y esfuerzo para tener éxito o desarrollar competencia técnica, son ingredientes clave para el éxito en un rol de ventas. Estas competencias profesionales pueden dividirse en cinco categorías:

1. **Saber.** Tener *conocimiento*, ya sea a través de la experiencia o de la academia; es tener la información necesaria para llevar a cabo una tarea o actividad específica.
2. **Saber hacer.** Consiste en poseer las *habilidades* necesarias para realizar cierto trabajo. Esas habilidades se construyen gracias a la constancia y a la congruencia entre el conocimiento y la puesta en práctica de ese bagaje, al grado de hacerlo de manera inconsciente.
3. **Saber estar.** Es la habilidad de convivir con las personas, compartir y enseñar, ser empático. Es la *actitud*.
4. **Poder hacer.** Tiene que ver con los recursos y los medios. Hay gente que sabe mucho, tiene las habilidades, pero poder hacer tiene que ver con la *aptitud*, que es la *pericia*, la *especialización* para conseguir objetivos. En el caso de un vendedor, puede tener mejores aptitudes para ser un cerrador, por ejemplo, porque conoce, es hábil y tiene la experiencia para *poder hacer*.
5. **Querer hacer.** Tiene que ver con la *motivación* y la *pasión*. En las ventas hay quienes saben muchas cosas, tienen maestría en ciencias ocultas, títulos nobiliarios, son aptos, se consideran tótems o vacas sagradas, pero no son agentes del cambio, no comparten el conocimiento, no influyen positivamente en su entorno y así, sin una motivación de generosidad, no se consigue el éxito personal o del equipo.

El mole, los locos y los soñadores

Pensemos en la leyenda de las monjitas que inventaron el mole. Sabemos que había canela, chiles, chocolate, especias, un guajalote por ahí corriendo y una buena estufa: tenían los **recursos** y los **medios**. Sabían cómo mezclar ingredientes de forma equilibrada: **conocimiento** y **habilidades**. Su experiencia las hacía **aptas** y poseían la **actitud** para ponerse a trabajar en un ambiente **motivado**, por lo tanto, consiguieron crear uno de los platillos más representativos de la gastronomía mexicana, una de las mejores del mundo.

Muchos piensan que en el mundo de las ventas, los negocios y los emprendedores hay que ser fríos y muy realistas. Yo pregunto: ¿las grandes maravillas del mundo fueron hechas por los realistas o por los soñadores?

Da Vinci era un soñador; Henry Ford, Nikola Tesla, Steve Jobs, Jeff Bezos han sido soñadores; incluso pensar en una fórmula física dura como «velocidad es igual a distancia sobre tiempo» puede mirarse de otra manera a la luz de Albert Einstein y su sueño de la Relatividad especial. La teoría de la gravedad nació cuanto Newton estaba soñando debajo de un árbol y le cayó una manzana en la cabezota para despertarle una epifanía.

De la misma manera, un hombre de negocios, un emprendedor y un vendedor sueñan con cambiar su vochito 76 por un Audi del año, y para lograr ese objetivo deben tener las competencias y **saber**, **saber hacer**, **saber estar**, **poder hacer** y **querer hacer**.

Los seres humanos vivimos atrapados en *tener* y en *hacer*, pensamos: «el día que yo haga» o «cuando yo tenga», etcétera, y creemos que cuando hacemos y tenemos ya somos, pero en realidad, primero somos y con base en ese *ser* hacemos y, por consecuencia, tendremos.

Ley del orden: ser / hacer / tener

En la vida hay un orden, una secuencia: ser / hacer / tener. Primero somos, después hacemos y luego tenemos. Las personas que no conocen esta ley afirman que cuando tengan, harán y, entonces, serán; sin embargo, la afirmación desde esta ley de orden es:

Cuando yo sea, sabré qué hacer para tenerlo.

Descubrir quién **ser** para poder **hacer** te permitirá **tener** la clase de vida que deseas.

El ADN

La esencia del vendedor se compone de varias competencias que lo harán tener éxito. Aquí presento algunas de las *virtudes* en las que ponen principal cuidado algunas de las empresas de reclutamiento más importantes:

Marca personal e imagen profesional

Dice el refrán que como te ven, te tratan. Yo te dría que como te vendes, te tratan, te compran o te contratan. El ser humano es visual, y un vendedor tiene que proyectar una imagen ganadora y exitosa. Quien vende autos de lujo, debe saber qué es tener uno para proyectar la pasión de conducirlo, por ejemplo.

Si te ven mal, te maltratan. Sin importar su estado anímico, espiritual, físico o económico, una persona debe verse bien, porque si no, el castigo será el maltrato.

Comunicación asertiva

Existe la comunicación pasiva y la agresiva: el que guarda silencio o el que grita para imponerse. La asertiva es aquella que da justo en el blanco, con moderación, pero con la fuerza de la razón; es un estilo de comunicación en el que expresas tus ideas, sentimientos y necesidades de forma directa, segura, tranquila y honesta, al mismo tiempo que eres empático y respetuoso.

Escucha efectiva

Parece obvio: escuchar de verdad, pero muchas personas no comprenden a su interlocutor. Un vendedor que sabe escuchar puede detectar las necesidades de su cliente, su sentir, sus creencias y sus circunstancias para ofrecer un mejor servicio. La escucha activa es una excelente manera de mejorar tu comprensión del mercado, de las relaciones con los clientes y de las ventas de un negocio. Sin lugar a duda, la forma en cómo te comunicas con tus clientes y tus empleados definirá el éxito de tu negocio.

Autoestima, seguridad y confianza

Cuando un vendedor se conoce a sí mismo y tiene estas tres virtudes, transmite a un cliente la certeza de estar escuchando la verdad, sin explicaciones excesivas, sin falsas humildades y sin egos innecesarios. Si confías en ti mismo, será fácil que un cliente confíe en ti. ¿Cuál es tu nivel de autoestima? Es importante que respondas a esta pregunta porque el nivel de tu autoestima será equivalente al nivel de tus **ingresos**.

El arte de la persuasión y la negociación

Rompamos el mito: no se trata de manipular ni de engañar. La persuasión se basa en la empatía y en la inteligencia emocional, es decir, en habilidades sociales básicas.

Las personas persuasivas tienen características muy marcadas: son muy seguros, originales, generosos, empáticos y sus estándares éticos y personales son muy elevados.

De la misma forma que un vendedor negocia con su cliente para que éste compre lo que él vende, un negociador vende su propuesta a la otra parte de la mejor forma posible. El arte de persuadir no se trata de manipular, sino de **explicar** al otro los beneficios de un producto o de acuerdo. Persuasión es seducción, negociación es hacer uso de la palabra para influenciar a un cliente, con honestidad y ética.

Planificación, productividad y gestión de tiempo

Un vendedor debe tener mentalidad estratégica y visión de largo plazo, debe ser capaz de gestionar su tiempo y recursos eficientemente para ser altamente productivo. Planear es el proceso y el resultado de organizar una tarea simple o compleja teniendo en cuenta factores internos y externos orientados a la obtención de objetivos, y para esto es preciso saber administrar el tiempo en las actividades más importantes y rentables.

Organización y disciplina

Una vez trazado el camino y hecha la planificación, en necesario tener disciplina para apegarse a lo establecido en el orden conveniente. Muchos atletas talentosos o personas con un alto nivel intelectual fracasan porque les falta una cosa: disciplina.

Este valor personal está íntimamente relacionado con la dedicación, la responsabilidad, el esfuerzo y el dominio propio. Ser disciplinado significa alejarse de todo aquello que afecta a tu cuerpo, mente y alma, con el propósito de alcanzar tus ideales más grandes.

Actitud mental positiva

No se trata de estar siempre eufóricos como si los problemas no existieran, sino de mantener el optimismo a pesar de las dificultades.

Sentirse ganador y exitoso depende, en gran medida, de tu comportamiento y pensamiento. ¿Cuántas veces quieres algo en tu vida personal y profesional y no has sido consciente de que tú mismo has sido tu mayor barrera? Si dentro de ti hay algo que dice que no puedes, si tus pensamientos te limitan, si consideras que el entorno y el universo actúan en tu contra y tu falta de acción no te deja tirar para adelante, difícilmente conseguirás ser la persona que deseas. Toma las riendas. Las cosas no vienen solas. Tenemos que pensar, desear y **actuar**.

Tener una actitud positiva es cuestión tener una **fe** inquebrantable en que todo se mueve con una fuerza poderosa hacia la vida que deseas. Cree en ti mismo, ponte en marcha y acompaña tus deseos con comportamientos y pensamientos adecuados. Pedir y visualizar las cosas que queremos no es suficiente si no tenemos el convencimiento de que realmente nos las merecemos. Esta es una de las claves del éxito. «Es, pues, la fe la certeza de lo que se espera, la convicción de lo que no se ve», dice **Hebreos 11:1**.

Orientación hacia objetivos y resultados

Un vendedor debe enfocarse en sus metas, sin distracciones, para que sus logros se expandan. En lo que te enfocas, se expande. Aquello en lo que depositas tu energía genera para tu vida.

A lo largo del día tenemos en promedio 60 mil pensamientos, ¿eres consciente de cuantos de éstos son negativos?

La vida es neutral. Si todo el tiempo tienes problemas en la cabeza, éstos terminarán manifestándose. «Aquello que resistes, persiste». La mayoría de los pensamientos son automáticos, y es importante que desarrolles una fuerte disciplina hacia los positivo. Destina una porción de tu tiempo consciente a pensar en lo que quieres atraer a tu vida y actúa en consecuencia.

Vocación de servicio y atención al cliente

Hay quien cree que servir es vergonzoso. Servir es desempeñar una función para ayudar a otro a solucionar un problema, o para hacerlo sentir especial y feliz. En las ventas y en los negocios esto vuelve locos a los clientes y los dispone a pagarte y muy bien. Servir con pasión hace que los clientes te sean fieles y en ocasiones se conviertan en tus fans.

Quienes se interesan genuinamente en ayudar con un excelente servicio aumentan su prestigio y ganan más clientes de boca a boca, por lo tanto, crecerán, tendrán ingresos constantes y protección contra tus competidores.

Toma de decisiones y solución de problemas

Un buen vendedor no teme tomar decisiones, si se equivoca, ya la historia lo juzgará, pero confiando en su ADN, es muy probable que así resuelva problemas. Es un riesgo, pero debe asumirse con responsabilidad.

Automotivación y entusiasmo

Un vendedor debe encontrar motivos en su interior y saber que éstos no vienen del mundo exterior. Debe preguntarse «¿para qué?», y así hallar las verdaderas razones de lo material.

Conócete, acéptate, supérate. Automotivarse es darse a uno mismo las razones y el entusiasmo para provocar una acción o un comportamiento. Con esta habilidad se adquiere la fuerza interna que será el impulso hacia adelante.

Es fundamental que cualquier persona que busque mejorar y gestionar su vida comprenda las consecuencias positivas de la automotivación aportan. Facundo Cabral dice: «No digas no puedo ni en broma, porque el inconsciente no tiene sentido del humor, lo tomará en serio y te lo recordará cada vez que lo intentes».

Empatía e inteligencia emocional

Es la capacidad de ponerse en el mismo canal de un interlocutor, es hacer que el cliente se sienta acompañado por alguien que comparte sus necesidades, pues así tendrá mayor certeza de obtener lo que desea.

Comprar es una experiencia emocional; incluso cuando el cliente piensa que está tomando una decisión racional, él ha sido secuestrado por sus propias emociones, por este motivo, el vendedor debe comprender los sentimientos del comprador para ayudarlo a gestionarlos de forma adecuada y culminar la acción de venta de forma positiva.

De acuerdo con un estudio *Fortune* 500, que analizó a más de 40 compañías, los vendedores con inteligencia emocional alta son 50% más de exitosos.

Honestidad e integridad

En las ventas, la integridad es símbolo de rectitud, honradez, probidad, equidad. Un vendedor íntegro es honesto, intachable, recto, justo y cabal con sus clientes. Todo esto se vuelve parte fundamental de su imagen.

La ética profesional guarda una relación estrecha y directa con la integridad en las ventas. Un secreto para que los vendedores se conviertan en consultores de innovación o desarrolladores de negocios es crear la confianza necesaria para tener clientes cautivos.

Un vendedor tranza puede cerrar un único trato en la vida, pero nadie volverá a confiar en él, su éxito será una ilusión. Un vendedor con ética cerrará muchos negocios, los clientes llegarán a él sin necesidad de una gran verborrea y lo recomendarán siempre.

Diligencia y proactividad

Es la capacidad de anticipación y saber actuar, prever posibilidades y aprovechar opciones mirando hacia el futuro cercano: anticipación.

Para vender, es necesario entender uno de los factores más destacables entre los auténticos profesionales de los negocios: la proactividad. Ser proactivo es proponer al cliente diferentes alternativas, anticiparse y mostrar voluntad de ofrecerle temas interesantes.

Reactividad, por lo contrario, es únicamente responder a las preguntas de los clientes, cubrir las necesidades que piden, pero sin avanzar hacia nuevas opciones, es esperar a que ellos tomen la iniciativa, con el riesgo de que su interés disminuya cuando haya escasez de información. Ser reactivos es condenarnos a vender menos cada día.

Espíritu emprendedor y visión de negocios

Muchos vendedores se ven como esclavos asalariados, no como gente de negocios o emprendedores. Si un vendedor cerrara el doble de tratos duplicaría sus ganancias, en cambio, muchos se conforman con el mínimo para que no los despidan y se atienen a un sueldo base para solventar sus gastos.

El espíritu emprendedor es la motivación y la capacidad de una persona para identificar una oportunidad y luchar por ella.

Análisis de mercado, competencia y oportunidades

Conocimiento del nicho de mercado, capacidad de prospectar en el lugar adecuado, análisis de las circunstancias y búsqueda optimizada de clientes.

El principal beneficio de un estudio de mercado es tener información relevante para tomar las mejores decisiones de negocio, reducir factores de riesgo, detectar áreas de oportunidad y armas para diseñar estrategias eficientes.

Habilidad en relaciones públicas y personales (*networking*)

Capacidad para interactuar con cualquier tipo de persona, tener facilidad de palabra, empatía, conocer objetivos, comunicación asertiva y saber conjuntar y poner en acción muchas de las competencias anteriores.

Ésta es una de las actividades que todo emprendedor y empresa debe afinar, ya sea de forma presencial u *online*. Crear y ampliar una red de contactos potenciará nuestro negocio y atraerá oportunidades.

Asistir a eventos específicos de *networking* debe estar contemplado en nuestra estrategia.

Fomentar el *networking* aporta mayor visibilidad a tu marca o empresa, atrae oportunidades, mejora tus habilidades comunicativas y te permite estudiar a la competencia y obtener información valiosa

Aprendizaje rápido y capacitación continua

Dicen que «chango viejo no aprende maroma nueva» y eso es una gran mentira. Un vendedor debe estar abierto a aprender cosas nuevas todos los días y a mirar desde perspectivas diferentes. 2+2=4, pero ojo, hay muchas maneras de llegar al mismo resultado (2x2, 16÷4, 8÷2, y un muy largo etcétera).

Un emprendedor jamás puede quedarse obsoleto o viviendo en el pasado con información antigua, siempre tiene que estar actualizado en temas relevantes de actualidad, tendencias de consumo y negocios del futuro.

Resiliencia, tolerancia a la frustración y manejo de estrés (adaptabilidad)

Capacidad de adaptarse al cambio interno y externo, saber tomar una ola y disfrutarla, enfrentarse al miedo y actuar a pesar de él, sin generar un estrés disparatado e innecesario.

La resiliencia implica una actitud optimista y la capacidad de buscar nuevas oportunidades, retos y relaciones para cumplir objetivos. Este término que deriva del verbo en latín *resilio*, que significa «saltar hacia atrás» o «rebotar». Se refiere a la capacidad de sobreponerse a momentos críticos y adaptarse luego de experimentar alguna situación inusual e inesperada.

Trabajo en equipo y creatividad

El trabajo individual es bueno, hasta cierto punto; sin embargo, trabajar como manada empuja a obtener grandes resultados. La creatividad se genera desde el individuo, pero en conjunto, se alimenta y se multiplica. Además, el vendedor necesita a otros colegas para que su trabajo sea brillante y exitoso: al de compras, marketing, almacén, sistemas, contabilidad, cobranza, servicio al cliente, etcétera. Algunos beneficios de saber trabajar en equipo son:

1. Incrementa de manera considerable la calidad del trabajo.
2. Se consigue llegar a unas mejores ideas, decisiones y soluciones.
3. Favorece la imaginación y la creatividad.
4. Las decisiones tomadas en conjunto suelen tener mejor acepta-

ción en las empresas.

5. Ayuda a crear un clima laboral más afable y dinámico.
6. Todos los miembros se sienten involucrados en el proyecto.
7. Fomenta el desarrollo de las relaciones interpersonales positivas y cooperativas.
8. Aporta una mayor seguridad a aquellos miembros que se sienten más inseguros.
9. Promueve la fluidez en la comunicación entre todas las partes.
10. Ofrece la oportunidad de mostrar las fortalezas y virtudes individuales.
11. Incrementa el compromiso de todos los miembros del equipo.
12. Al compartir tareas y responsabilidades, el nivel de estrés se reduce.
13. Potencia el esfuerzo por alcanzar los objetivos.
14. Permite finalizar cada proyecto o tarea de manera mucho más rápida y ágil.
15. Fomenta el respeto entre todos los miembros.

Pensamiento sistémico

Conocimiento integral y dominio total de una empresa, producto y servicio. Consiste en no sólo mirar un árbol, sino el bosque completo. Una compañía es un ecosistema vivo.

El pensamiento sistémico es la capacidad de análisis que puede ayudar a las organizaciones a optimizar la interrelación existente entre sus empleados, así como a mejorar su capacidad de respuesta ante problemas o eventos negativos.

La teoría de sistemas y el pensamiento sistémico trata sobre percibir la realidad como un todo integrado compuesto por diferentes subsistemas que no se pueden entender por separado, sino a través de su interrelación con el resto de los elementos. De forma general, este tipo de pensamiento permite a las organizaciones:

- Entender la visión estratégica de la organización como un todo que se puede mejorar.
- Conocer a detalle cómo funciona la organización y cómo se integran sus elementos.
- Llevar a cabo un análisis más concienzudo y objetivo al tener en cuenta a todas las partes.
- Detectar y resolver mejor los problemas, gracias a una mayor capacidad de análisis.

> *Y tú, ¿tienes las competencias necesarias para ser un vendedor de alta gama? ¿Tienes el éxito en tu ADN?*

Eres tu propia marca

Un vendedor debe saber promoverse a sí mismo, ésa es la mejor manera de tener éxito. Un profesional de los negocios necesita estar consciente de que para alcanzar sus metas tiene que vender la imagen que con la que desea ser percibido, debe proyectar un físico o una personalidad que genere confianza, que refleje conocimiento y certidumbre.

El ojo

El aspecto visual es importantísimo. Los clientes se dan cuenta de la imagen que proyectas. Si vendes tacos, necesitas trasmitir limpieza; si vendes autos de lujo, tienes que demostrar cierto estatus.

> *No se trata nada más de aparentar, sino de emanar con sinceridad una atmósfera en la que el cliente se sienta cómodo y confiado.*

La comunicación

Además de proyectar un aspecto aseado y congruente con el producto o servicio que ofreces, tu forma de hablar, tu gesticulación, tu cultura y tu educación son otros aspectos que hablan de ti y de lo que haces. Cuida tu tono de voz, que tus palabras sean correctas y la velocidad precisa.

> *Antes que ninguna otra cosa, la gente compra tu imagen, y si confía en ti, también lo hará en tu producto o servicio.*

Percepción

Aquí no se vale el «así soy y qué» o el «me vale lo que la gente piense de mí», recuerda que eres un profesional. Lo que los clientes intuyan de ti creará una perspectiva inamovible, y de ésta dependerá el éxito de una venta, de una alianza o de un negocio. La primera impresión es esencial y, si de verdad quieres alcanzar tus metas, no puedes decir «me vale», porque ya valiste...

> *Recuerda que percepción es imagen.*

Es cierto que la sociedad moderna está enfocada en la no discriminación de las personas por cómo se ven o por qué creen, pero la realidad es que el mundo está lleno de arquetipos, prejuicios e imágenes preconcebidas de lo que debe ser. En el día a día, sí hay conceptos claros que deben llevarse para provocar ciertos efectos, así es la naturaleza humana; quien diga que eso ya no está vigente, aún es muy ingenuo.

> *Mientras nos alcanza la utopía, construyamos la imagen*
> *que deseamos de nosotros mismos.*

Un vendedor necesita que su imagen sea la de alguien de confianza, la de una persona que sabe dar resultados positivos, la de un ser humano que empeña y cumple con su palabra de acuerdo con las circunstancias, con congruencia y sin faltar a la ética.

Sé tú mismo

Y la gran pregunta es: ¿cómo alguien puede vender su imagen sin prostituir su alma y sin perder honestidad? Yo siempre digo: **ser natural es mi belleza**. La clave es seguir siendo congruentes con nuestros valores y esencia, entender que somos algo más que una fachada.

> *Somos lo que somos, no lo que tenemos ni lo que hacemos.*

Si vestir un traje o un pantalón deportivo cambia nuestro espíritu, nuestra manera de pensar, nuestras creencias y nuestra formación, entonces el problema no está en la ropa, sino en nuestro interior.

Vestir de tal a cuál manera en distintos contextos es un movimiento de adaptación a las circunstancias, un gesto hacia nuestros interlocutores y hacia el escenario, no cambia lo que somos; ni el Che Guevara va a salir de su tumba a reclamarnos el abandono de la revolución si nos ponemos corbata, ni Gianni Versace nos condenará al infierno si un día usamos chanclas para salir a tirar la basura. Dejemos atrás las inseguridades a las que disfrazamos con vestiditos.

> *Tener estos gestos con las personas es otra manera de*
> *ayudarnos a alcanzar nuestras metas.*

Controlar un carácter explosivo no significa traicionarnos a nosotros mismos, ni levantar la voz cuando se debe nos convierte en algo que no somos. Proyectar una imagen de persona fuerte nada tiene que ver con gritarle a todo el mundo, sino con usar el tono exacto y las palabras precisa en el momento perfecto.

Hijo de su reputa...ción

Todos creemos que somos únicos y especiales, aunque dicen que somos de tres maneras: como realmente somos, como creemos que somos y como la gente cree que somos; a esta última se le llama «reputación».

Se acuerdan cuando en el Mundial de México 86 Hugo Sánchez falló un penalti en Monterrey que nos dejó fuera del torneo. Todos comenzaron a decirle el «Falla goles» por eso, cuando el tipo es considerado el mejor futbolista mexicano de todos los tiempos y ganó cinco veces el trofeo Pichichi de mejor goleador de la Primera División de España. Así de frágil es lo que sostiene nuestra imagen en la cabeza de los demás.

Un vendedor debe ser congruente y mantener su imagen en todos los aspectos de su vida, es decir, debe **ser**, no **fingir** ser. No puede comportarse a la perfección con sus clientes y llegar a su casa y comportarse como un patán. Imagínate que todo el mundo te mira como un ejemplo y de pronto apareces en redes sociales maltratando a un mesero.

Si no vemos desde un punto de vista más *kamasutezco*, es como una persona que se siente la más sexi y potente del mundo y, a la mera hora, se queda como perico, dormida a medio palo.

Cuida tu reputación, no vayas a una cena de negocios a emborracharte hasta la perdición, no presumas de lo que no tienes. Los clientes tarde o temprano se darán cuenta y quedaras muy mal. Recuerda estas cinco profundas enseñanzas de Bruce Lee:

- «Adapta lo que es útil, rechaza lo que no sirve y añade lo que es específicamente tuyo».
- «Sé consciente de ti mismo, en lugar de ser un robot repetitivo».
- «Lo que piensas habitualmente determina en gran medida en lo que te convertirás».
- «No adoptes una sola forma, adáptate, construye la propia y déjala crecer. Sé como el agua».
- «El espíritu del individuo está determinado por los hábitos de su pensamiento».

Si te enfocas, se expande

«Aquello en lo que pones tu mente, crece»; ésta es una frase que se ha utilizado para la autoayuda, la espiritualidad, la religión, la ley de la atracción, etcétera. Algunas veces se emplea bien y otras se toma de manera superficial, pero es cierta

Un vendedor o una persona de negocios que se dispersa queriendo abarcar todo pierde el enfoque. Cuando éramos niños y jugábamos con una lupa concentrábamos la luz del sol en un solo punto y eso se convertía en un rayo con el que jugábamos a ser poderosos. De la misma manera, si nuestra inteligencia, fuerza, voluntad, conocimiento arte y técnica se enfocan en un objetivo, éste se expandirá.

> *Somos como un rayo láser: capaces de convertir la luz de nuestros sueños en la energía para hacerlos realidad. Dejemos de ser una lamparita para convertirnos en un sable de luz.*

En las ventas y en los negocios es importante conocer nuestro nicho o segmento de mercado para no diluir fuerzas con prospectos inadecuados. La especialización es esencial para tener a nuestro alcance toda la información lo más clara posible, de la misma forma, saber quiénes son nuestros objetivos nos hace estar concentrados en el blanco en el que vamos a poner la flecha.

Ultraespecialización

Los vendedores pueden ser expertos en un determinado sector del mercado, pero incluso pueden ultraespecializarse en puntos específicos del proceso de ventas. Hay quienes son excelentes abridores, negociadores, segmentadores, cotizadores o cerradores. Hay quienes son buenazos para explicar características técnicas de un producto, o para capacitar a los clientes, o para mostrar los beneficios de un servicio.

> *Si concentras tu visión en una cosa, es más probable que consigas más rápido el éxito y los resultados.*

Supongamos que un vendedor está ultraespecializado en automóviles de alta gama y que, de pronto, la agencia cierra y que, de manera extraña, no consigue empleo en otro lugar de coches de lujo. Su experiencia le dice que es capaz de tratar con clientes de gran nivel socioeconómico, que quizá ya no sean vehículos, pero sí condominios en la playa, viajes carísimos, paquetes en cruceros increíbles; es decir, sabe tratar con esos clientes.

Lo mismo sucede si volteamos para abajo, hacia productos o servicios ultraespecializados para personas con posibilidades medias o bajas. Cada nicho tiene lo suyo.

> *La ultraespecialización te puede convertir en referencia en un tema, en un iluminado, en un tótem difícil de reemplazar.*

Ley de la atracción

Estamos acostumbrados, porque así nos lo han hecho creer, a pensar que desear algo con mucha fuerza atraerá ese objetivo por sí solo, que el universo conspirará a nuestro favor, y sí, pero no.

No basta con el deseo, con quererlo mucho, con rezar con fervor, hay que actuar, ponerle trabajo, hacer cosas para que las circunstancias sucedan.

Cuando hablo de ese rayo láser que convierte los sueños en realidad, me refiero a que cada descarga creadora debe ser un espectro de nuestra vida: actitud, fe, esperanza y ánimo, pero también trabajo, técnica, disciplina, conocimiento.

> *El peor error de la ley de la atracción es creer que sólo por nuestra linda cara y nuestra mirada esperanzada van a suceder las cosas.*

La energía es la clave de la excelencia

La energía de los seres humanos tiene muchas fuentes, desde la buena alimentación, el descanso, las hormonas y el ejercicio, hasta el tener una meta precisa, el amor de la familia, la ambición bien dirigida, la pasión por el trabajo y la motivación.

El enfoque de toda esta energía bien equilibrada nos ayudará a conseguir lo que queremos. Esto no sólo se limita a las ventas, sino a cada aspecto de nuestras vidas porque, antes que nada, un vendedor es un ser humano rodeado por sus circunstancias, y para sobresalir de todas ellas debemos tomar nuestra energía y convertirla en un sable de luz jedi para romper las barreras que nos atan.

Cuando enfocamos nuestra energía y aplicamos todo lo humanamente posible en un objetivo, entonces seremos capaces de mirar un espacio vacío como un área de posibilidad y no con un páramo desolado.

Energía en fuga

Por su puesto que es más fácil dispersar la energía, claro que es más rico quedarse tapado en la camita que hacer ejercicio, pero, entonces, no esperemos resultados alentadores.

Los vendedores podemos diluir este rayo láser en comidas infructuosas y borracheras con los clientes, en el conformismo de quedarnos con el sueldo base que nos alcanza para sobrevivir, en pretextos para no vender: que si la economía, que si está difícil, que la manga del muerto. Debemos ser conscientes y tener enfoque.

Unas de las causas más comunes por las que los vendedores dispersan su energía es la falta de prioridades, es decir, no llevan una agenda organizada por cosas importantes e inamovibles. ¿Qué te falta? ¿Hacer crecer tu *networking*, buscar alianzas, capacitarte? Enfócate en eso, y no en pensar cuánto dinero vas a ganar cuando ni siquiera tienes las bases.

Cuando no tienes rumbo y tu barco te lleva a cualquier parte, te das por bien servido, pero cuanto tienes un objetivo claro, enfocas tu energía para llegar al puerto anhelado.

> *Cuídate de los vampiros emocionales y de la gente toxica que drenan tu energía vital.*

Ciencia, arte y técnica

Siempre que en alguno de mis cursos y seminarios pregunto si las ventas son un arte, una ciencia o una técnica, se arman las cachetadas y la rebambaramba; cada persona tiene un punto de vista diferente basado en su propia experiencia e influenciado por su educación y paradigmas.

La verdad es que, si se quieren tener resultados explosivos, un vendedor debe contemplar los tres ángulos.

El conocimiento

Ciencia
Del lat. *scientia*.
f. Conjunto de conocimientos obtenidos mediante la observación y el razonamiento, sistemáticamente estructurados y de los que se deducen principios y leyes generales con capacidad predictiva y comprobables experimentalmente.

La ciencia es conocimiento, es investigación, lo que significa que un vendedor debe estar en una capacitación permanente e invertir en su aprendizaje, ya sea a través de libros, cursos, educación académica, revistas especializadas, ferias, exposiciones, viajes, idiomas, cultura, gastronomía y todo lo que contribuya a su crecimiento personal y profesional. Un vendedor debe ser multicultural, sin prejuicios y con mente abierta.

> *Es fundamental que un vendedor tenga el hábito de adquirir nuevos conocimientos, de otra manera, es imposible tener éxito y corre el riesgo de quedarse obsoleto o decadente.*

Mucha gente cree que, si no tienes éxito en ninguna otra actividad, la última opción para ganarse la vida son las ventas. Ésta es una forma de *prostituir* una profesión tan hermosa que requiere de un espectro de conocimientos para su realización exitosa y satisfactoria, tanto para el vendedor, como para una empresa.

Incluso, a muchos vendedores les da cierta vergüenza decir que lo son y se llaman a sí mismos «ejecutivos comerciales», «consultores de negocios», «asesores comerciales» y cualquier cantidad de nombres rimbombantes nada más para sentirse más *cool*.

Para evitar sentir que somos un «vil, cochino y vulgar vendedor» hay que tener conocimiento, ciencia, técnica y arte para decir con orgullo: «Soy un **vendedor**, sé de lo que hablo y estoy bien preparado».

La maquinita

Técnica
Del lat. mod. technicus, y este del gr. τεχνικός technikós, der. de τέχνη téchnē.
f.   Conjunto de procedimientos y recursos de que se sirve una ciencia o un arte. Habilidad para ejecutar cualquier cosa, o para conseguir algo.

Las ventas también son a, b, c, con 1, 2, 3; son un proceso y una metodología que funciona para elegir el nicho de mercado específico, la segmentación, la prospección, hacer citas, cotizaciones, etcétera.

> *La práctica y la pericia se convierten en la técnica necesaria para llevar un proceso organizado y exitoso, con el orden correcto.*

El alma

Arte
Del lat. ars, artis, y este calco del gr. τέχνη téchnē.
m. o f.   Manifestación de la actividad humana mediante la cual se interpreta lo real o se plasma lo imaginado con recursos plásticos, lingüísticos o sonoros.

Definir el arte ha sido uno de los grandes encargos de la Filosofía, a través de la Estética. Durante toda la historia de la humanidad, buena parte del pensamiento se ha dedicado a esto.

El arte hace vibrar las emociones, toca fibras que son inherentes a cualquier ser humano, ya sea en China o México. El arte nos conecta como especie, nos eriza la piel, nos pone cachondos.

El arte es pasión, e incluso hay quien afirma que es una de las pruebas de la existencia del alma.

> *Las ventas son el alma de una empresa, sin ellas, no hay nada, no entra dinero, no se mueven los productos o servicios.*

El vendedor debe tener pasión por su trabajo, como un artista; debe innovar, como Da Vinci; debe enamorar, como Neruda; debe seducir, como Casanova, debe construir como Miguel Ángel, y debe *follarse* a un negocio como el mejor actor porno; para esto, debe tener conocimiento y emplear una técnica.

Leonardo, vendedor

Un vendedor tiene que ser gente de ciencia gracias a su conocimiento, gente de técnica para seguir el proceso, y artista con sensibilidad para conectar y vibrar con las personas, escuchar al cliente, detectar sus necesidades, tener empatía y hacerlo sentir especial y único.

Pensemos en el buen Leonardo Da Vinci, un hombre curioso, siempre preocupado por aprender y por innovar gracias a lo que sabía. Con toda su ciencia, Leo imprimía a sus sobras una técnica precisa, perfeccionada con los años; de sus dibujos, pinturas, esculturas y máquinas hay estudios, ensayos y planeación. Este genio sabía de su talento y de sus virtudes innatas, pero trabajaba y planeaba, no lo dejaba todo a las musas ni a la suerte.

Leonardo era tan buen vendedor, que gente tan importante como la familia Medici lo patrocinaba; él vendía obras y máquinas de guerra, pero también ideas y sueños. Leonardo, hoy, sería capaz de cambiar el mundo otra vez y, por supuesto, sería un enorme vendedor.

Ritual del vendedor

Desde que el ser humano se preguntó por qué caen los rayos y comenzó a darle significado a los fenómenos que no comprendía, los rituales han tenido un vínculo místico, sagrado, espiritual. Es algo que se ha convertido en un hábito y tiene para el practicante un sentido positivo. Quien medita, reza un rosario, repite un mantra o realiza una liturgia tiene una cobertura psicológica y filosófica. Incluso pensemos en el arte amatorio, quien no tiene un ritual, un juego previo o un cachondeo, no es más que un pedazo de carne que mueve las caderas, no emociona demasiado.

Roland Barthes, el gran filósofo, en su libro *Ritual y seducción*, explica que un ritual es una «estrategia en la que se ponen en juego la provocación y el deseo como un sistema de tácticas». Y es que ésta es la función del ritual que propone este *Kamasutra del vendedor*.

> *Un vendedor tiene que comenzar el día con la energía emocional y la cobertura mental de un ritual.*

Salir a la calle es complicado, es como entrar a la jungla y se requiere de una vibración positiva para enfrentar al mundo.

En las ventas y en los negocios, no se puede dejar todo al destino ni a la suerte; tener un ritual nos permite cargarnos de energía para diferenciarnos de quienes salen con una mentalidad pagana y superficial, con la idea de «nomás a ver qué sale».

20 recomendaciones para ritualizar tus días

Cuando leí el libro *El club de las 5 de la mañana*, de Robin Sharma, descubrí que este hábito nos permite ser más creativos, tener mayor energía, planificar el día, revisar pendientes y ser proactivos. ¿Ya pusiste tu alarma a las cinco de la mañana?

Mientras otros duermen, tú avanzas a grandes pasos y estás listo para sorprender al mundo.

La gratitud no es una emoción, es una actitud.

Para quienes llevan una religión, agradecer a un ser supremo ha sido una práctica milenaria y muy útil al comenzar el día de forma optimista, alegre y positiva. Para quienes no viven así su espiritualidad, agradecer por todo lo que se tiene también es un ejercicio de salud emocional. «La gratitud es la memoria del corazón», afirma César Lozano.

Así hay un mejor rendimiento, mejora el estado de ánimo, se reduce el estrés y se proyecta una imagen saludable.

Muchos vendedores comen mal, confunden los malos hábitos con el sacrificio. Es importante elegir inteligentemente la alimentación que nos mantenga sanos y con energía. Es recomendable acudir a un especialista. La hidratación es esencial.

Esto nos permite oxigenar el cerebro para pensar mejor, y la meditación nos ayuda a concentrar nuestra atención, encontrar paz y un sinfín de beneficios que conlleva esta práctica, como el autoconocimiento, la optimización de la memoria mejora la oxigenación, nos lleva al equilibrio emocional y a la conexión interior.

4 Visualizaciones y pensamientos positivos

También se llaman mapas visuales. Consisten en crear imágenes o fotos mentales sobre lo que queremos, a corto y largo plazo. Pueden utilizarse fotos de lo que deseamos o palabras clave para tener presentes los sentimientos que nos inspiran nuestras metas.

*Es pensar en nuestros **para qué**, de manera positiva, sin codicia.*

Ejercicio 6

Es importante mantener una actividad física regular (gimnasio, correr, yoga, artes marciales, etcétera). Esto no sólo nos mantiene sanos y preparados para enfrentar al mundo, también nos llena de energía, produce las llamadas hormonas de la felicidad, mejora nuestra autoestima y nos ayuda a descansar en su momento.

Es importante nutrir a nuestra mente con libros de autoayuda, textos sagrados, literatura de negocios, poesía, gastronomía, viajes y todo aquello que contribuya a nuestro crecimiento, nos de cultura y nos haga mejores personas. Esto incluye al arte, el cine y la televisión.

Adquirir conocimiento positivo 7

Durante el ejercicio podemos conocer a personas con ideas afines, socializar e incluso conocer a clientes potenciales.

«No sólo de pan vive el hombre».

Los diferentes tipos de música tienen distintas frecuencias, desde los que generan un empoderamiento extremo, pero efímero, hasta las que producen relajamiento, pasando por todo el espectro emocional. La música 432 Hertz es muy adecuada para generar un estado de paz y armonía, por ejemplo, jazz, soul, blues, klezmer, reggae, deep house o country. Un vendedor debe saber qué escuchar antes de una charla de negocios para vibrar en una frecuencia positiva y enamorar al cliente.

8 Elige la música adecuada

Planear el día, la semana, el mes, el futuro **10**

Más allá de las visualizaciones, es imprescindible planear el qué, cómo y cuándo: la manera práctica de realizar nuestros planes. Para esto hay distintas metodologías (por prioridades, por tiempos, etcétera). Podemos ayudarnos con programas y aplicaciones especializadas. La tecnología es una gran herramienta. Estas acciones evitan la incertidumbre, disminuyen riesgos de cometer de errores, alientan el diseño de objetivos de alto valor, tomar acciones asertivas y enfocar nuestro tiempo, recursos y energía lo más importante.

Optimismo. La felicidad es un sentimiento efímero, que incluso puede ser artificial, pero el gozo es un estado de plenitud en el que disfrutamos el aquí y el ahora como viene y estamos agradecidos. No se trata de ser el payaso que va contando chistes para complacer a los demás, sino de ser como un bebé que sonríe con sinceridad y hace sonreír a quienes nos rodean, incluso por teléfono o por videollamada. Sonreír genera empatía, confianza, da vitalidad, contagia, proyecta una imagen positiva y no se estabiliza emocionalmente.

Sonreír **12**

9 — Disfrutar un profundo aseo personal

La clave de este punto es la palabra «disfrutar»; es importante la higiene y la presentación, pero también gozar, sentir el agua, la espuma y la temperatura para entrar en contacto con el propio cuerpo. Usa cremas, perfumes, una limpieza facial, un nuevo corte de cabello, ve a la manicure o la pedicura; experimenta y goza de un momento mágico y especial. Por demás está decir que esto nos da seguridad con nuestra imagen personal y profesional.

Es importante dejar los prejuicios: los varones también podemos darnos esos lujos.

No procrastinar. Muchas veces comenzamos por trabajar con las tareas más sencillas y así nos engañamos pensando que avanzamos, cuando en realidad nos mentimos y extraviamos; desperdiciamos energía en cosas que bien podríamos delegar o dejar para después. Las prioridades de alto valor van al inicio.

El tiempo vale oro y es el recurso más valioso e importante que tenemos.

Una hora tuya puede valer más que lavar la ropa, trastes o el carro; vale más que sacar la basura o hacer el mandado. A veces es preferible pagar para que hagan estas actividades y tú puedas enfocarte en lo más importante y ganar billetes. Lo que enfocas es lo más importante.

Comenzar por las tareas más difíciles — 11

13 — Evitar los excesos

No se trata de luchar contra esos demonios, sino de contrarrestarlos y sustituirlos con cosas positivas. No debemos satanizar nada, pero sí moderar, dejar las cosas para ocasiones especiales. En el mundo de las ventas se da mucho ir a tomar una copa o estar en un ambiente de vicios o malos hábitos, pero si somos dueños de nosotros mismos, encontraremos la justa medida.

«Nada con exceso, todo con medida».

14 Conectarse con la familia y amigos

El trabajo de ventas y negocios es importante, pero convivir y disfrutar de la compañía de las personas queridas es una fuente de energía y motivación. ¿Quieres más dinero para que a tu familia no le falte nada? ¿Estás seguro de que no los estás perdiendo en el intento?

Sentirnos amados, queridos, valorados y reconocidos fortalece nuestra confianza, seguridad y autoestima.

Haz un balance de tus finanzas personales. 16

Cuando Mario Borghino, en su libro *El arte de hacer dinero*, nos enseña el hábito del ahorro, nos recomienda encontrar el equilibrio entre ingresos y egresos. Tener dinero puede significar vivir en paz, pero si por tener dinero se pierde la tranquilidad, el balance no está bien. El manejo de las finanzas personales es un mecanismo que ayudará a tener más tranquilidad a través del manejo adecuado de los recursos.

17 Invierte en tu mente e imagen

Métele a tu formación. Comprar libros (y leerlos) es una inversión, lo mismo pasa con cursos, talleres, seminarios, expos y congresos. Estar actualizado te permite diferenciarte de la competencia y proyecta una imagen profesional y de experto ante tus clientes.

19 Observa tus miedos

El éxito da miedo, pero valiente es aquél que actúa a pesar del temor. Identifica qué es lo que no te deja moverte y aprende de ello.

En la Biblia hay una frase que aparece 365 veces: «Esfuérzate y sé valiente». Seguramente es una invitación para despertar todos los días con el entusiasmo para salir a la calle a brillar y conquistar nuestros sueños.

15 — Rodéate de gente positiva

Hay personas con las que te diviertes mucho, pero a largo plazo, no dejan frutos ni aportan valor. Debemos aprender a categorizar a esas amistades y darles su lugar exacto. Jim Rohn dice que nos convertimos en las seis personas a las que más frecuentamos, así que revisemos nuestra lista de amigos frecuentes para saber a quién nos estamos pareciendo y si queremos que los demás nos relacionen con ellos.

18 — Abandona tu zona de confort

No te conformes. Actúa. Sal siempre de lo que te hace sentir aburrido, monótono, rutinario o atolondrado. Muévete. Abre los ojos al mundo. Caminar incomoda, pero sólo así llegarás a tus metas. No tengas miedo de experimentar cosas nuevas, fracasar o cometer errores, esto se convierte en aprendizaje, conocimiento y sabiduría. ¡Atrévete a vivir sin límites!

Vete a dormir a la hora que te permita tener el descanso necesario para aguantar el ritmo de tus actividades y que le dé a tu mente la frescura para aprender, pensar y decidir bien. Tampoco se trata de dormir diez horas, sino de dormir profundamente..

Descanso de calidad — 20

Actividad

Lo visible se crea de lo invisible

La mente no distingue entre la ficción y la realidad, cuando creas una imagen comienzas a construir la realidad.

Crea un tablero de sueños. Forma un collage con imágenes y textos que te ayuden a desencadenar emociones y motivaciones para conseguir un objetivo, alcanzar tus metas o tener éxito en los negocios. Da rienda suelta a tu creatividad de forma divertida y sin límites. Pon todas las cosas que deseas.

Vence a tus demonios

El principal obstáculo para las ventas y los negocios es uno mismo, por eso es vital enfrentar a nuestros demonios al eliminar el autosabotaje del vendedor o emprendedor.

El principal enemigo del vendedor no es la competencia, ni la economía, ni la indiferencia de los clientes, ni el gobierno, ni la inflación, ni la Covid-19, y mucho menos el precio de los productos o servicios. El principal enemigo eres tú y tus demonios internos, esas vocecillas en tu cabeza que te dicen: «Estoy muy caro», «El cliente no me va a comprar», «Mi solución no es muy completa», «No soy tan bueno» o «Lo que ofrece la competencia es muy parecido a lo mío, pero más barato», entre otros.

Es normal escuchar a estos pequeños demonios. La buena noticia es que podemos enfrentarlos y controlarlos. Podemos fortalecer la confianza en el valor que generamos.

> *Aunque inspires mucha confianza a tus clientes, tu valor no siempre es evidente para ti mismo.*

La estrategia es fortalecer la confianza en ti mismo como vendedor, revisando algunos puntos que callen esas locas voces.

Conoce tus diferenciadores

Un arma secreta y poderosa que da mucha seguridad y confianza a un vendedor es conocer, como a la palma de la mano, todos los beneficios de un producto o servicio frente a los de la competencia: qué puedes brindarle a tu cliente para dejarlo satisfecho, cómo atender sus necesidades o solucionar sus problemas.

Piensa en los clientes que te aprecian

Es clave traer a la memoria a todos los clientes que se han sentido satisfechos por tu atención especializada, asesoría personalizada. Recuerda que les has brindado tranquilidad y solución a sus problemas, y te han manifestado su aprecio por eso.

Enfócate en un propósito superior

La venta es la consecuencia de ayudar, por eso debes enfocarte en que tus productos o servicios vienen a solucionar una necesidad, dolencia o miedo del cliente; por ejemplo, un médico te sana, un abogado puede librarte de la cárcel, un contador te evita multas fiscales, un nutriólogo cuida tu peso, un estilista puede hacerte ver más atractivo, un psicólogo aporta a tu estabilidad emocional. ¿No crees que esto es hermoso? Jamás sientas pena o vergüenza por vender: es una profesión maravillosa.

Piensa en tu inspiración

Busca las razones más poderosas por las que te levantas todos los días para buscar clientes y vender. ¿La educación de tus hijos? ¿Ropa bonita y de marca para tu esposa? ¿Una casa nueva para tus padres? ¿Un auto de lujo para ti, porque te lo mereces? ¿Unas vacaciones fantásticas en familia? ¿La remodelación que tanto necesita tu casa? ¿Ahorrar para tu fondo de retiro? ¿Una salida con tus amigos? Todos estos sueños o proyectos cuestan dinero, y las ventas pueden darte eso y más. ¿Necesitas alguna otra fuente de inspiración?

Durmiendo con el demonio

Recuerda que los enemigos invisibles del éxito impactan en las ventas, precios, comisiones y productividad, incluso pueden estar relacionados con cada uno de los procesos de tu negocio por una sencilla razón: habitan en ti, en tu mente, afectan tu forma de ser y tus emociones. Puedes estar habituado a tus demonios, quizá todas las noches te acuestas de cucharita con ellos; inconscientemente dejas que te den besitos en la oreja. ¿Sabes cuáles son esas voces?

Miedo

No hay algo que detenga más a las personas que este demonio. El miedo paraliza y es imán de pensamientos negativos, excusas y suposiciones catastróficas. Para vencerlo es necesario identificarlo y enfrentarlo por medio de la acción, que es la mejor medicina.

> *Si el miedo se la pasa hablando, la acción debe taparle la bocota.*

Inseguridad

De nada sirve un vendedor o una persona de negocios cuya emoción titubea a la hora de vender, de hacer una presentación o mostrar su producto. Recordemos que más de 80% de la compra y la venta está en la comunicación efectiva, el *rapport* (conexión con el otro) y en la certeza es decir, emocional el activo de seguridad que se transmite.

> *La palabra da certeza a quien la expresa como única*
> *y verdadera.*

Desvalorización

De nada sirve querer aumentar tu precio cuando sientes que no lo vales o que no te lo van a pagar. Este enemigo se alía con el de la inseguridad.

> *Lo que sientas, lo comunicarás.*

Conformismo

Mantenernos a nosotros mismos y a nuestros productos o servicios bajo una actitud conformista es un grave error, pues nos quedaremos en la mediocridad y, por lo tanto, sumergidos en medio de la generalidad, sin diferenciarnos lo suficiente, sin exigirnos más que lo básico.

> *Separarnos de lo común y corriente implica hacer*
> *a un lado el conformismo para ofrecer nuestra*
> *grandeza.*

Inconstancia

De nada sirve trabajar arduamente cinco días si cualquier cosa nos hace perder el ritmo. Si trabajas por momentos y lo dejas, si no tienes el poder sobre la línea de tiempo, el esfuerzo se diluye. Genera hábitos: «más vale paso que dure, que trote que canse».

> *El verdadero amigo del éxito es el hábito, pues se acerca*
> *paso a paso a las metas.*

Desenfoque

Primo del anterior, éste perjudica a los que divagan fácilmente. Las personas que siempre andan en «mil *business*» dividen su esfuerzo en muchos caminos, lo que parte el capital que, de pesitos se convierte en centavitos, sin reconocer que los centavos de esfuerzo invertidos no darán ganancias grandes.

> *«A todo le tiras y a nada le pegas», diría mi abuelita.*

Desidia

Es prima hermana de la mediocridad, implica necesariamente la falta de interés. Les sucede a las personas que emprenden algo sin ganas, sin convencimiento o por moda, cuando en realidad no es lo que desean. Este enemigo del éxito es de comportamiento recurrente.

> *¿Cómo conseguir el éxito haciendo algo que no te interesa?*

Falta de compromiso

Es necesario que algo nos atrape lo suficiente para reforzar nuestro compromiso interno. Para tener éxito, se requiere de una profunda significación y del apego a la promesa que nosotros mismos nos hacemos, porque queremos cumplirla.

> *Del compromiso se derivan los buenos hábitos.*

Indisciplina

La selección de los hábitos correctos lleva a cumplir cabalmente los propósitos. La indisciplina, como enemigo del éxito, es en sí misma desorganización para darnos el tiempo de llevar a cabo las acciones correctas.

> *El indisciplinado no sabe manejar sus tiempos y espacios.*

El autosabotaje

Es el alcahuete del miedo, el que brinda las excusas, los pretextos, la salida fácil, privilegiando a la razón por encima de cualquier cosa.

> *En los negocios, como en la vida, se puede tener razón (como pretexto) o resultados.*

Si de negocios se trata, trabajar en uno mismo es lo primero. Si ubicaste uno o varios enemigos del éxito, trabájalos, la metodología del coaching comercial te puede ayudar.

200 palabras para hacer *venir* a los clientes

¿Te gustaría tener toda una artillería de palabras y frases potenciales para persuadir y vender más? En todo discurso de ventas, tener a mano algunas expresiones clave puede ayudarte a la hora de conquistar a un cliente. «Noventa y cinco por ciento de nuestras decisiones de compra tienen lugar en la mente subconsciente», afirma Gerald Zaltman, profesor de Harvard Business School.

Recuerdo que en la universidad le pregunté a un carismático profesor de Matemáticas Financieras sobre cuál era su secreto para ser tan persuasivo y qué palabras debía decir para convencer e influir como él. Lo que me respondió me marcó y jamás lo olvidaré:

> *«No se trata de lo que dices, sino de lo que haces sentir».*

Tu marca, negocio, producto o servicio debe detonar las emociones correctas en tus prospectos o clientes. Si conoces las sensaciones que deben experimentar éstos para verse tentados a cerrar la compra, tendrás hecha gran parte de la chamba.

Entonces, ¿qué palabras y frases potenciales podemos emplear para despertar esas emociones y vender más? ¡Sigue leyendo!

Más fácil y rápido

Cuando tratas de ligar e intentas utilizar siempre la misma fórmula, sin éxito, es una locura pensar que vas a obtener buenos resultados. Los clientes, antes que otra cosa, son seres humanos que quizá están estresados, indecisos, tristes, eufóricos o con un sinfín de emociones encima. Aprende a leer cada actitud para que las palabras sean las correctas.

- **Ahora:** transmite una sensación de urgencia, algo que no puede dejarse para más tarde.
- **Nuevo:** las novedades llaman la atención del consumidor. Si un producto es el más actualizado de la industria, refuerza esa información.
- **Rápido:** también relacionado con el sentimiento de urgencia, instiga la velocidad del consumidor. Si no compra rápido, lo puede perder.
- **Remate:** ¿a quién no le gusta un buen descuento? Si tu producto tiene una buena oferta, no lo pienses dos veces antes de promocionarlo entre tus clientes.

- **Beneficio:** más que ofrecer un producto o servicio, tu función es resolver el problema del cliente. Ofrece beneficios, como garantía extendida o instalación gratuita. Estas acciones también pueden diferenciarte de la competencia.
- **Limitado:** otro disparador mental importante que vale la pena usar. El cliente tendrá la sensación de que, si no compra ahora, ya no podrá encontrar el mismo producto a la venta.
- **Personalizado:** además de ofrecer un buen producto, los clientes buscan experiencias que los hagan sentirse especiales. Si tu empresa ofrece un producto que puede customizarse o un servicio de atención al cliente personalizado, ¡utilízalo como un argumento de venta!
- **Certificado:** esta palabra clave valora la calidad de tu producto y brinda al cliente la sensación de seguridad.
- **Seguro:** es un concepto que tiene el poder de tranquilizar a un cliente y transmitir confianza; aún más en sectores específicos, como artículos para el hogar o para niños.
- **Garantía:** el contacto con el cliente no finaliza cuando se cierra la venta. Ofrecer una garantía hace que el consumidor se sienta tranquilo; en caso de que tenga algún problema con el producto, puede contar contigo.

> *Recuerda que no sólo son importantes las palabras como tales, también es esencial el tono que utilizas.*

El poder creador de la palabra

En su poema, *El gólem*, Jorge Luis Borges escribió:

> Si (como afirma el griego en el Cratilo)
> el nombre es arquetipo de la cosa
> en las letras de 'rosa' está la rosa
> y todo el Nilo en la palabra 'Nilo'.

Sí, la poesía enamora, convierte los sueños en algo más tangible y puede conseguirte un buen *delicioso*, pero lo que el escritor argentino quiere decir es que el simple hecho de nombrar algo lo hace existir; de la misma manera, un buen vendedor debe saber tejer una trama de palabras para, al final, poder *mojar* en el éxito.

Hay palabras cachondas para erizar la piel, de amor para convencer, marranonas para poner un ejemplo de lo que está a punto de pasar, perversas para sazonar las almohadas y así, dependiendo del sapo es la pedrada. En los negocios también hay categorías y conceptos que caben en ellas para conseguir un fin; chécate éstas:

Seguridad y confianza (te va a doler, pero te va a gustar)

* A tu ritmo
* Acreditar, acreditado
* Anunciado en…
* Asegurar, seguro, seguridad
* Auténtico, genuino, verdadero
* Automático
* Autoridad reconocida
* Avalar, avalado
* Beneficioso
* Certificar, certificación, certificado
* Confiable
* Cuidar, cuidado
* De toda la vida
* Desde el primer día/lección/consulta…
* Devolución de dinero
* Fácil
* Garantizar, garantía, garantizado
* Incondicional
* Legal
* Lucrativo
* Más vendido
* Mejorado
* Método, metodología, programa, itinerario…
* Natural
* Nunca falla
* Original o genuino
* Paso a paso
* Poderoso
* Privado
* Probado
* Profesional
* Proteger, protección, protegido
* Prueba gratis
* Recomendado o comprobado
* Respaldo
* Resultados
* Seguro
* Sencillo, simple
* Sin comisiones

- Sin compromiso
- Sin contratos de permanencia
- Sin obligación
- Sin riesgos

Urgencia

- Acción
- Adelantarse
- Ahora
- Aprovechar
- Comunícate
- Date prisa
- De inmediato
- Descubrir
- Directo
- Hoy
- Inmediato
- Instante
- Lo último
- Marca
- Primero
- Rápido
- Segundos/minutos/horas
- Sólo
- Urgente
- Ya

Escasez

- Aprovecha
- De inmediato
- Definitivo
- Edición limitada
- Expira en x horas o días
- Exprés (promoción)
- Fecha límite
- Final, finalizar, finaliza…
- Limitado
- Nunca más
- Oferta limitada a x unidades, usuarios, horas o días
- Oferta por tiempo limitado
- Sólo disponible aquí
- Sólo para…

- Sólo para…
- Termina en 48 horas
- Última oportunidad
- Últimas unidades

Valor agregado o ahorro

- Ahorro
- Ayuda
- Básico
- Bonus
- Cupón
- Descuento
- Devolver
- Económico
- En menos tiempo
- Extra
- Ganga
- Gratis
- Gratuito
- Precios bajos
- Promoción, oferta, rebaja…
- Rebaja
- Recompensa
- Recuperar
- Reducido, reducir
- Reembolso
- Regalo

Exclusividad

- Auténtico
- Conviértete en un experto o especializa
- Disponible solo para socios, afiliados, suscriptores
- El primero
- Especial
- Exclusivo
- Ganador
- Limitado
- Pide una invitación
- Sé el primero en enterarte
- Sé uno de los (pocos, afortunados, elegidos…)
- Sólo para…
- Único

Verdad, misterio, curiosidad o prohibido

- Censurar, censura, censurado.
- Confidencia, confidencial.
- Creativo
- Desconocer, desconocido
- Descubre
- Divertido
- En la lista negra
- Esconder, escondido
- Extraño
- Falsedad, falso
- Ilegal
- Imagina
- Incógnita
- Interesante
- Inusual
- Leyenda
- Lo nunca visto
- Mágico
- Mentir, mentira, mentiroso
- Mito
- Ocultar, oculto
- Olvidado
- Perdido
- Prohibir, prohibición, prohibido
- Puerta trasera
- Secreto
- *Top secret*
- Trucos

Llamada a la acción y unidad

- Familia o amigos
- Apoyo, respaldo...
- Ayudar, ayuda...
- Compañía, acompañar...
- Compara
- Construye
- Contigo
- Elige
- Haz
- intenta
- Juntos

- Llama
- Logra
- Los más vendidos…
- Más de x personas confían en…
- Registrarse, suscribirse…
- Sumar
- Únete
- Visita

Placer

- Disfruta
- Emociónate
- Experimente
- Goza
- Saborea
- Siente
- Vive

Palabras de Incentivan

- Esencial
- Oportunidad
- Importante
- Brillante
- Fabuloso

Solucionar problemas

- Soluciona
- Arregla
- Resuelve
- Ayuda
- Supera
- Cura
- Alivia
- Duplica o multiplica

Agitar o preocupar

- Aburrido
- Complejo
- Culpa
- Desmotivado

- Difícil
- Estrés
- Fracaso
- Lento
- Miedo
- Odio
- Peor
- Preocupación, preocupado, preocupar...
- Rechazo
- Responsabilidad
- Soledad
- Tensión
- Terror

17 claves para hacer el amor a tus clientes

¿Estás listo para realizar este viaje excitante y lleno de placer? Desabróchate el cinturón, ponte una bata de seda roja y mójate los labios. Los clientes esperan mimos, que los acaricies, los hagas sentirse en un lecho de plumas y luego les cumplas todo lo que les prometiste.

1. Sonríe

Aunque parezca algo muy simple, la sonrisa tiene un poder increíble, transmite alegría, positivismo y empatía. Una sonrisa es capaz de cambiarle el día a un cliente. Además, una sonrisa genera como respuesta otra :)

2. Ofrece emociones y experiencias inolvidables

Todo entra por los sentidos, y en este punto, sin importar el tamaño de tu negocio, existen formas de conquistar a nuestros clientes. Desde ambientes limpios, ordenados, música relajante, olores frescos, colores brillantes y un servicio inolvidable, hasta precios orgásmicos.

3. Cumple lo que prometes y gánate su confianza

Los clientes están hartos de las mentiras y falsas promesas por parte de las empresas o vendedores. Es importante ganarnos su confianza y cumplir con lo que prometemos en calidad, precio, tiempo, etcétera. Si coordinamos la entrega de un pedido para el viernes a las 4:00 pm, debemos estar el viernes a las 4:00 pm. A nadie le gusta que le mientan, y lo mismo pasa con los clientes. Si le fallas a alguien, ten la seguridad que no querrá volver a comprarte.

4. Conquista con promociones y descuentos

¿A quién no le gusta los descuentos? Y es mucho mejor si se pueden personalizar para cada cliente; para esto hay que conocer quién nos compra o qué consume con mayor frecuencia y ofrecerle una rebaja en su próxima visita. Con el sistema de ventas adecuado, conocer este detalle es muy sencillo.

5. Escucha

Siempre hay que estar atentos a las necesidades de nuestro público; saber escuchar las necesidades de cada cliente es una virtud que nos servirá para brindar una solución más rápida y certera. Ten en cuenta que muchos consumidores quieren sentirse escuchados.

6. Llamadas de seguimiento

Muchas veces descuidamos el servicio postventa, pero debería ser habitual comunicarnos con los clientes para constatar que todo haya salido bien después del servicio, de la compra de un producto o del tratamiento de un reclamo. Invertir recursos, tiempo y personal en una pequeña área de telemarketing es una excelente alternativa.

7. Responde rápidamente

Ya sea en redes sociales o en tu punto de venta, no demores en dar una respuesta, entre más rápido, mejor. Incluso si aún no tienes la solución a un planteamiento, contacta al cliente y dile que estás trabajando en ello. Los consumidores actuales valoran más la velocidad de la respuesta que la solución al problema.

8. Renueva constantemente tu surtido

Tanto si vendes productos o servicios, debes incorporar novedades a tu catálogo. Ofrecer variedad es una estrategia que funciona muy bien; muchos de nuestros clientes no saben que necesitan algo hasta que se les ofrece.

9. Facilita las devoluciones

Éste es el punto débil de muchos negocios, ya que en su mayoría no cuentan con una política correcta de devoluciones, y esto puede resultar en un verdadero dolor de cabeza.

Ya sea que el cliente desistió de la compra, el producto no cumplió sus expectativas o simplemente quiere hacer un cambio, el proceso debe ser amigable en todo momento y nuestro personal debe estar preparado para enfrentar estas situaciones.

10. Atención al cliente:

Ya sea en nuestro punto de venta, atención virtual, o en un negocio B2B mediante un ejecutivo de ventas, el trato al cliente debe ser amable, no enfocado en vender, sino en cubrir las necesidades de los clientes y, si es posible, superar sus expectativas. Brindar una solución nos posiciona como aliados.

Recuerda que, si tienes mucha competencia, éste será un factor decisivo y diferencial para que los clientes te prefieran.

Un cliente feliz y satisfecho nos recomendará, según estadísticas, con dos o cuatro personas, y si mantenemos esta tendencia, puede hacerse exponencial, y más ahora, con el poder de las redes sociales. Evita siempre que un cliente se vaya enojado.

11. Deja que *pruebe*

Ofrecer una "muestra o degustación" es una herramienta de mercadotecnia bastante efectiva para conquistar nuevos clientes. Se trata de una oportunidad para que el consumidor conozca y use tus productos.

12. Habla su idioma

Un error común de los profesionales es que explican las cosas utilizando términos técnicos que la mayoría desconoce. Esto hace sentir incómodo al cliente, pues no comprende en qué consiste la solución que le proponen. El consejo aquí es presentar soluciones puntuales y, sobre todo, cuál es la finalidad de cada una.

13. Sé el mejor anfitrión

Imagina que vas a hacer una fiesta en tu casa y quieres que todos tus invitados se lleven un recuerdo fantástico de esa noche mágica. ¿Qué tendrías que hacer? Enviarles una invitación súper divertida e irresistible, hacerlos sentir especiales desde que llegan, cuidar los detalles de comida, bebida, música, decoración y ambiente. Lo mismo debes hacer con tu cliente cuando entra a tu negocio: hacer que vivan una experiencia inolvidable y se acuerde de ti como un excelente anfitrión.

14. Entrena y capacita a tu equipo

Haz sesiones periódicas para ayudarte a definir las habilidades o competencias necesarias para impulsar la reputación de tu empresa, así como su confianza, empatía, flexibilidad y comunicación. Esto es vital, porque cada colaborador que entre en contacto con tu cliente tiene una oportunidad para construir tu reputación, o para destruirla. Recuerda que un colaborador es una extensión de tu marca, es tu rostro, voz y manos; puede ser una bendición o una maldición para nuestro cliente o negocio.

15. «Mil gracias»

Suena obvio, pero considera esto: ¿cuándo fue la última vez que recibiste una nota de agradecimiento de una empresa con la que hiciste negocios? Esta sencilla estrategia puede provocar un verdadero impacto y dice mucho sobre tu empresa y el valor que pones a tus clientes.

16. Consiente, mima y apapacha a los clásicos

Los nuevos clientes son críticos para el crecimiento, pero debes asegurarte de que los actuales y duraderos reciban un trato **premier** o vip. Nada es peor para los clientes leales que ver que los productos o servicios que pagan a precio completo tienen descuentos para los clientes nuevos. Puedes voltear esta situación ofreciendo programas de lealtad exclusivos, descuentos o especiales dirigidos únicamente a tus *mejores* clientes.

17. Acompáñalos y guíalos en cualquier canal

Al consumidor actual le gusta interactuar con las marcas y enterarse de todo lo que ocurre con ellas. La mejor forma de lograr esto es a través de las redes sociales. Procura responder a todos los comentarios, sean positivos o negativos, y proporciona información útil a los usuarios. Recuerda que estos canales requieren tiempo y esfuerzo, por lo que si vas a apostar por ellos, asegúrate de que puedas cumplir con las expectativas.

> *Enamora a tus clientes todos los días. Aviva esa llama para que comprar en tu negocio sea una experiencia agradable.*

El *speach* del elevador: si te vendes, te compran

Un *elevator pitch* es una representación básica, pero de alto impacto, que dura de 60 a 90 segundos, en la que describes lo que haces o vendes. El objetivo principal es romper el hielo y obtener una cita para hablar más a fondo; no es para convencer a tu interlocutor de contratarte o comprar tu producto o servicio.

Para explicarlo fácilmente, imagina que eres un adolescente calenturiento en casa de tu pareja y la tienes que convencer de echar pasión antes de que lleguen sus papás. Todo tienes que ser rápido, cuidadoso y satisfactorio.

¿Para qué tanto discurso?

Como en el cortejo, choro mata a carita. Al vivir en un mundo cada vez más competitivo, resulta vital tener preparado un mensaje de pocos minutos, con el cual transmitas tu forma de trabajar e inspires confianza. También puede ser una buena estrategia en actividades de *networking*, conferencias, llamadas de seguimiento e incluso en entrevistas de trabajo o ferias de empleo. De hacerlo bien, este speach te puede servir para atraer a quienes te escuchan y abrirte oportunidades para conseguir una cita romántica, reunión de negocios o entrevista de trabajo.

> *Ésta es la mentalidad de un seductor profesional que debes tener siempre a la hora de comunicarte asertivamente.*

Beneficios del *elevator pitch*

- Ofrece una posibilidad única para captar la atención de una audiencia objetiva y potencialmente interesante.
- Brinda la oportunidad de exponer tu idea general y desarrollarla de forma más detallada en una reunión posterior.
- Ayuda a posicionarte o diferenciarte como una alternativa de autoridad frente a tu competencia.
- Te permite proyectar una buena primera impresión e imagen más profesional.

Recomendaciones para un *elevator pitch* seductor

- No te extiendas demasiado.
- Evita divagar y explica concretamente tu idea. Utiliza palabras sencillas, pero seductoras.
- Ensaya tu discurso cuantas veces consideres necesario frente al espejo, amigos, familiares, socios o colegas.
- ¡No vendas, simplemente conversa! Un cliente potencial prefiere escuchar una charla amena o divertida, que a un vendedor obsesionado y urgido por cerrar el trato.
- Es conveniente utilizar preguntas, pues éstas generan curiosidad en el interlocutor. Evita afirmaciones a la hora de explicar el problema que resuelve tu producto o servicio.
- Se auténtico y natural, evita escucharte automatizado, como robot, o muy ensayado.
- No abrumes a tu interlocutor. Los detalles más complicados de tu propuesta es mejor dejarlos para un segundo encuentro de negocios, a menos que él los solicite.
- Conoce a tu audiencia e investiga a tu interlocutor.
- Es recomendable tener siempre dos o tres variantes de tu discurso, según el cliente o inversor ideal.
- Tu principal objetivo será siempre generar un segundo encuentro de negocios.
- Ten un llamado a la acción.
- Haz saber tus objetivos y explica exactamente qué esperas de ellos. Hiciste tu pitch por una razón, ¿no?
- Déjalos queriendo más. Los *pitches* de elevador deben ser cortos, así que no intentes informar en exceso. La receta secreta debe guardarse para después.

Puedes utilizar la siguiente fórmula:

> *Saludo + Quién soy + Verbo + Destinatario + Problema + Resultado + Objetivo + Metodología*

Por ejemplo:

Hola, soy Victoria Polanco, estoy especializada en ayudar a emprendedores o dueños de Pymes a diseñar sus propias estrategias de marketing digital y gestionar profesionalmente sus redes sociales, para expandir su marca e incrementar 25% sus oportunidades de venta a través de un programa de entrenamiento práctico e intensivo de capacitación.

Buenos días, soy Paola Arguijo. ¿Sabías que Mazatlán es la quinta playa mexicana más visitada por turistas nacionales y extranjeros? ¡Fantástica oportunidad! Quiero hablarte de Experia, un proyecto de turismo 100% de negocios. En un año hemos organizados seis eventos corporativos (expos, congreso, ferias, seminarios y conferencias). Necesito tu ayuda para escalarlo a nivel internacional, empezando por Canadá. Es un nicho por explotar, y tiene un doble beneficio: agencia de viajes y oferta de inversión en bienes raíces. Si me das tu tarjeta, mañana te llamo para concertar una cita.

Buenos días. ¿Sabías que un mexicano consume 1.6 kilogramos de café al año? Somos Braulio y Emilio Navarro de Finca Sagrada, amantes y apasionados del buen café. Ofrecemos un servicio integral de venta de café orgánico y artesanal 100% mexicano mediante una red de distribuidores independientes MLM. En un año hemos conseguido 120 usuarios en la ciudad de Torreón. Buscamos socios estratégicos en las ciudades de Durango, Mazatlán, Zacatecas y Chihuahua, que nos ayuden a expandir e incrementar la red y aprovechar que durante la pandemia este segmento ha ido al alza ¿A quién le late la idea de agendarnos una cita?

¡Buenos días! Me llamo Danilo Bugatti, gestiono a RECIPE Consulting, una firma de consultoría enfocada en empresas del ramo gastronómico y hotelería. Brindo un modelo de gestión que incrementa los ingresos de los restaurantes 7 % mensual, sostenido. Busco socios comerciales e inversionistas que para el desarrollo de una aplicación que brinde estrategias integrales que incrementarán esa cifra hasta 12%. ¿A quién le gustaría agendar una cita?

Cómo saber si mi *elevator pitch* tuvo éxito

- Se interesan por tu propuesta más que por tu discurso.
- Piden tu tarjeta o datos de contacto.
- Te solicita que los llames para agenda y coordinar una reunión.

Escribe en estos renglones tu *elevator pitch*.

Nota: por el amor de todos los dioses, revisa tu sintaxis, la coherencia gramatical de tu discurso, tu ortografía y tu puntuación, por si tienes que darlo por escrito. Si no le sabes, acude a un profesional que te ayude, no te vaya a salir contraproducente un choro mal armado.

El arte de contar historias que enamoran

En los últimos años, el término *storytelling* se ha vuelto muy popular, especialmente en el marketing empresarial y político. En el contexto de la comunicación corporativa, es la capacidad de crear una historia en torno a una marca, producto, servicio o persona con el fin de facilitar las ventas.

> *Storytelling* es el arte de contar o desarrollar una historia con efectividad para atraer, seducir, cautivar y persuadir. La creación se aprovecha de una atmósfera mágica a través del relato. Se trata de una expresión anglosajona que se desglosa en dos palabras: historia (*story*) y contar (*telling*).

En marketing o ventas es una técnica que consiste en conectar con los clientes a través de un mensaje, ya sea a viva voz, por escrito o de una historia con su personaje y su trama. Se podría describir como una narrativa de sucesos engarzados, con una moraleja final que deja un aprendizaje. Los expertos en el tema afirman que saber cómo contar historias es todo un arte. El objetivo es claro:

> *Conectar emocionalmente con el cliente (actual o potencial) a través de una historia, darle información que lo implique en la situación que está contando la marca o el vendedor.*

En ventas, por ejemplo, el *storytelling* se puede aprovechar para crear anuncios que despierten el interés del cliente, motivándolo a obtener más información sobre tu producto y/o servicio; sin embargo, la técnica no se limita a textos impresos o publicados en medios digitales. El *storytelling* también se puede utilizar en ventas presenciales e incluso telefónicas.

El *storytelling* es una herramienta poderosa para persuadir a los clientes porque:

- Nuestros cerebros están construidos para aprender de las historias.
- Las historias atrapan y mantienen la atención, nos ayudan a entender y recordar mensajes.
- Se necesita empatía para atraer a las audiencias objetivo.

- Las historias tocan nuestras emociones y crean empatía.
- A las personas siempre les han fascinado las historias. Antes se contaban alrededor del fuego, en las plazas, en libros y en películas.
- Somos seres más emocionales que racionales.

El *storytelling* debe transformar e inspirar a los consumidores. Se ha convertido en un componente crucial de las campañas exitosas de marketing y ventas. Ha marcado la diferencia entre las marcas poderosas y las simples, y entre los consumidores leales y los compradores ocasionales.

¿Qué debe incluir mi estrategia de storytelling?

- Los valores de tu marca, producto o servicio.
- Un elemento que libere emoción en tu público.
- Un lenguaje sutil basado en emociones.
- Las virtudes que tienes como marca o vendedor, ésas que te hacen diferente al resto.
- Algo positivo que les aporte o beneficie a tus clientes.

Debes enamorar a tu público, hasta el punto de que te prefieran y no contemplen a la competencia.

Pasos para crear una buena historia

1 Consolida la identidad de tu marca

2 Conoce a tu audiencia o público objetivo

3 Define el mensaje central y los objetivos deseados

4 Escoge el formato correcto

5 Determina los elementos esenciales de la historia

6 Difunde y cautiva a la audiencia

Seis tipos *storytelling* en *personal branding*

Quién soy yo

Este relato puede ayudarte a mostrar tus destrezas profesionales y tus aptitudes personales para una causa determinada. Es un relato de presentación en el que una buena estrategia narrativa es abrir tu historia con un par de aspectos de tu biografía.

Para qué estoy aquí

La gente no colaborará contigo si cree que estás ocultando algo o que deseas engañarla. En este tipo de relato dices lo que esperas de tu audiencia y lo que podrás ofrecer a cambio. Así de directo.

Relato visionario

Debes compartir tu visión particular de un futuro hipotético o deseado, hacer visualizar que ese futuro puede ser real, alcanzado y materializado. Luis Donaldo Colosio y Martin Luther King lo hicieron en sus discursos.

Relato educativo

Busca captar la atención proyectiva de la audiencia para que el aprendizaje sea más intuitivo, rápido, sencillo o divertido, por ejemplo, un profesor explicando a sus nuevos alumnos que, en semestres pasados, tuvo pupilos brillantes, que todos los días participaban en clase, hacían sus tareas, leían y discutían.

Valores en acción

Explica tus valores, convicciones, filosofía de vida y manera de ser, cómo te enfrentaste en el pasado a grandes obstáculos, problemas o adversidades dolorosas y cómo lograste solucionarlos de forma positiva, creativa, audacia y determinación.

Sé lo que estás pensando

Antes de comunicarte con cualquier audiencia es recomendable saber con qué tipo de personas vas a conectar, por si pudieran tener algún rechazo o prejuicio negativo sobre ti, tu idea de negocio u oferta de venta. Por ejemplo, si crees que alguien, por tu edad o experiencia, puede dudar o cuestionarte, debes adelantarte y disparar rápido para despejar dudas sobre tu capacidad o profesionalismo. Se narra una historia del éxito propia, con clientes, proveedores, socios o inversionistas, y lo satisfechos que están con tus servicios.

Beneficios del *storytelling* a la hora de vender

- Genera confianza en los clientes o usuarios.
- Consigue la atención del cliente, usuario o prospecto.
- Humaniza tu marca.
- Hace que tu marca sea fácil de recordar.
- Hace participe a tu público.
- Se transmite o viraliza de persona a persona.
- Difunde tu marca de manera *automática*.
- Favorece una relación a largo plazo con tu cliente potencial.
- Tu marca se convierte en la preferida de tus fans o seguidores.
- Comparte toda la información que deseas de manera muy natural y divertida.

> El **storytelling** es capaz de transformar cualquier cosa pequeña en algo extraordinario.

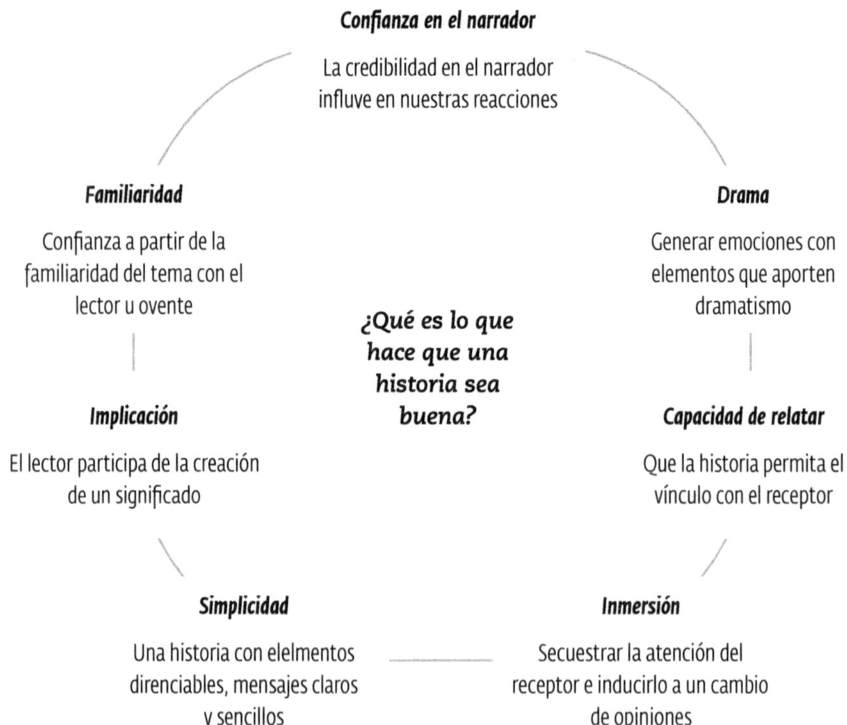

Networking: la magia de las relaciones

La traducción literal de este anglicismo es algo así como «trabajar tu red de contactos». Esta acepción ya nos ofrece varias pistas acerca de su significado, tan de moda dentro del mundo de las ventas y los negocios.

El *networking* no se trata de acaparar contactos en las redes sociales o coleccionar tarjetas en eventos, como ciertas personas creen. La red de contactos que consigamos debe basarse en la colaboración y la ayuda mutua, en dar y recibir, para que todas las partes se beneficien. Esto implica que debemos elegir bien esos contactos, puesto que deben aportarnos tanto como nosotros a ellos. Y no hablo únicamente de oportunidades de negocios, también de experiencia, conocimientos, actitud, etcétera.

> *No es lo mismo dar corazones en Tinder que experimentar la química entre dos personas frente a frente, es similar en el* **networking**.

¿Por qué y para qué el *networking* profesional?

Muchos motivos pueden ser válidos para hacer *networking*, pero el más importante es entender que necesitas saber cómo gestionar estratégicamente una red de contactos para alcanzar tus objetivos de manera más fácil, rápida y económica. Aquí algunas pistas de su utilidad:

- Crear e impulsar ideas brillantes y ganadoras.
- Acceder a una fuente de socios estratégicos, servicios, recursos, etcétera.
- Hacer negocios al promover productos o servicios.
- Reforzar relaciones con clientes, proveedores, socios o inversionistas.
- Buscar un ascenso, nuevo empleo o mejorar nuestra actividad profesional.
- Dar a conocer nuestro producto o servicio de forma eficiente.
- Acceder a personas o entidades que pueden resultar de interés para nuestro negocio o para el desarrollo de nuestra carrera profesional.
- Adquirir un mayor grado de conocimiento acerca del entorno laboral que nos rodea y aprender a valorar sus riesgos y oportunidades con mayor perspectiva.

- Adquirir nuevos proveedores, clientes o socios.
- Obtener consejos o ayuda para solucionar problemas.
- Buscar información y compartir buenas prácticas.
- Aumentar el rango de posibilidades comerciales del negocio.
- Actuar eficazmente en un mercado global.
- Buscar nuevas relaciones y amistades... o el amor, ja, ja.

Todas estas ventajas podrían resumirse en la consecución del éxito en la actividad comercial o profesional pertinente.

> *Es imposible alcanzar los objetivos empresariales sin una red de contactos de calidad.*

La creación de redes de contacto y negocios es el proceso de construcción, cuidado y aprovechamiento de las relaciones con el fin de maximizar las oportunidades para ti y para otros.

El valor del *networking* está relacionado directamente con la calidad y robustez de la relación que hemos tenido previamente. La diversidad geográfica de nuestra red de contactos aumenta las posibilidades de recurrir a ella. Es importante trabajar, en primer lugar, para uno mismo, ya que cuanto más éxito tengamos, más interesantes resultaremos para otros, pero si estamos también atentos a las necesidades de nuestra red, atendemos sus peticiones y, de forma discreta, colaboramos con nuestros contactos, será sin duda la mejor manera de ver el favor devuelto cuando recurramos a ellos más adelante.

El *networking* es el arte de crear, gestionar, ampliar y mantener tu red de contactos, vía *off-line*. Presencial: eventos, conferencias, encuentros, desayunos, comidas y cenas de negocios, conciertos, carneas asadas, fiestas de cumpleaños y hasta funerales. Virtual: Facebook, Instagram, LinkedIn, WhatsApp, etcétera, de manera sistemática para que ambas partes ganen, se generen sinergias, colaboraciones y negocios, consolidando relaciones duraderas y de confianza.

> *Lo que la gente en verdad busca es encontrar una conexión de amistad, camaradería e intimidad, no sólo los contactos.*

No se trata sólo de tener una tarjeta de presentación o un nombre en una base de datos. La inteligencia del marketing relacional es construir poderosas redes de conexiones entre personas con intereses comunes, estableciendo comunidades fuertes y duraderas.

Para utilizar una analogía, creo que Jesucristo es el modelo perfecto y ejemplo de *networking*, pues aprovechó la oportunidad de la Última Cena para reclutar y platicar con doce personas (amigos) sobre una idea y mensaje muy sencillo, pero poderoso, de fe, esperanza y amor, que a su vez ellos compartieron entre sus amigos, familiares o conocidos más cercanos, que después se viralizó y expandió por todo el mundo.

Las ventajas y beneficios del *networking*

- Mayor visibilidad a tu marca personal o empresa.
- Más y mejores oportunidades de negocio.
- Mejora tus habilidades comunicativas e interpersonales.
- Te permite entender y estudiar a la competencia.
- Obtener información valiosa y conocer tendencias del mercado.
- Fortalecimiento de las relaciones y nuevos contactos.
- Tener acceso a ideas frescas, creativas e innovadoras.
- Conocer nuevos proveedores y clientes.
- Aumenta tu confianza, seguridad y autoestima.

Estrategias e ideas para crear un *networking* exitoso

- La calidad es más importante que la cantidad. No se trata de tener conocidos o seguidores, sino de establecer relaciones verdaderas que generen conexión y compromiso. Así que selecciona, agenda y asiste a eventos de calidad.
- Genera una relación de intercambio y utilidad. Envía información relevante, pide que la divulguen, invita a eventos o proyectos especiales relacionados con el ambiente en el que ambos se mueven. Sé de utilidad, mantén una buena relación y sé constante.
- Define tus fortalezas y tus experiencias profesionales. Para destacarte y diferenciarte profesionalmente es necesario divulgar tus puntos fuertes y las experiencias relevantes para tus contactos. De esta forma, seleccionarás los empalmes correctos: aquellos interesados en tus principales características profesionales.
- Aprende a promoverte. Es esencial para cualquier vendedor profesional o emprendedor interesado en crecer y mejorar sus ingresos. Nadie mejor que tú mismo para desarrollar tu marketing personal. Diferénciate de los demás siendo auténtico y sincero.
- Permanece activo en redes sociales. Facebook, Instagram, WhatsApp, YouTube o LinkedIn son la mayor red profesional del mundo, si sabes utilizarla y mostrar tus cualidades, serás capaz de montar una estrategia de *networking* empresarial, vinculándote con personas con valores parecidos a los tuyos. Además, en ese tipo de redes, mantienes contacto directo con tu público y generas mayor compromiso, principalmente creando contenidos de calidad.

- Crea tu *pitch* de ventas o propuesta de valor. Sé capaz de decirle a la gente a qué te dedicas en menos de 200 caracteres o 30 segundos. ¿Podrías hacerlo?
- Marca un objetivo antes de un evento, así, todo cambia. Muchas veces vamos a los eventos para ver qué pasa; sin embargo, cuando sabes que debes traer de tres a cinco contactos de calidad e interesantes para mantener en el tiempo y hacer negocios, todo se optimiza.
- No cualquier evento vale la pena. Para hacer *networking*, uno debe ser muy estratégico y selectivo para valorar tu tiempo. En ocasiones los eventos no son fructíferos porque no encuentras contactos potenciales. Se vale equivocarte, aprender y corregir.
- Cuida tu apariencia. Siempre he creído el dicho de las abuelitas, que dice: «Cómo te ven, te tratan». Recuerda que la gente es extremadamente visual y no puedes estar sucio, desalineado, desgreñado o con mal aliento. Tienes que proyectar una imagen limpia, profesional y exitosa.
- La fiesta, guateque o cotorreo empieza después. Terminado el evento tenemos un montón de tarjetas en el bolsillo y, ¿qué hacemos, meterlas en un cajón? No, ¿verdad? Aquí viene lo importante: identifica quiénes son contactos poderosos y mándales un email, WhatsApp o márcales por teléfono para reunirte después, tranquilamente, y explorar las diferentes formas o alternativas en las que podemos ayudarnos mutuamente. El seguimiento puntual es clave para tener éxito y sacar el mayor provecho.
- Regálate la oportunidad de conocer a las personas. La escucha activa es fundamental. Recomiendo preguntar, interesarte genuinamente por la gente, escuchar sus opiniones e ideas y anotar todo para poder entender y conocer sus necesidades. Recuerda que la información es poder.
- No mentir o engañar. Ten cuidado de no «poner mucha salsa a tus tacos» cuando conoces a alguien nuevo; recuerda que tal vez puedes engañar a alguien en ese momento, pero con el paso del tiempo podrán descubrir verdaderamente quién eres. En el mundo de los negocios y las ventas la reputación y prestigio son oro.
- El mejor vendedor de tú producto o servicio eres tú. Recuerda que la gente lo que en verdad compra son historias y emociones que la hagan sentir que tú eres la solución a su problema o necesidad. Tú eres el dueño del negocio o el vendedor estrella del producto. Enfócate en proyectar y comunicar esta percepción en tu interlocutor.

> *El **networking** es como tener conexiones divinas, es tan mágico como tener un conocido con un montón de amigas o amigos solteros y con ganas de divertirse.*

El lado erótico del futuro: nuevo modelo de negocios (VUCA)

El cortejo es la selección y atracción de una persona a otra, con el fin de establecer una relación íntima, la cual suele implicar amor, sexo, compromiso, cohabitación, matrimonio, reproducción o simple y sabroso placer, es decir, con un claro objetivo crear la posibilidad de un mejor futuro.

Nosotros, como vendedores o emprendedores, debemos tener una visión estratégica y siempre pendiente de las tendencias o cambios del mundo, ésta es una forma de sobrevivencia y de asegurar un futuro exitoso para nuestro negocio.

> *Tienes que aprender a disfrutar el lado sexy de vivir en un mundo volátil e incierto.*

Solamente las personas con carácter, fortaleza, templanza y audacia para afrontar los problemas actuales con acciones pioneras logran conquistar un futuro mejor y estarán *benditamente* condenadas a obtener el éxito, sin lugar a duda.

VUCA: qué es y cómo demonios afecta a los negocios

El entorno VUCA es un concepto que el ejército estadounidense comenzó a utilizar en los años noventa, y sirve para describir un mundo en el que nada se puede predecir. Ésta es la razón por la que se popularizó en el mundo empresarial, ya que los mercados no se comportan como un sistema lineal.

VUCA es el acrónimo de cuatro palabras en inglés:

- **V**olatility (Volatilidad)
- **U**ncertanity (Incertidumbre)
- **C**omplexity (Complejidad)
- **A**mbiguity (Ambigüedad)

Volatilidad

Es la rapidez con la que cambian los mercados y la falta de los procesos estáticos que *prometan* estabilidad. Esto requiere que las empresas sigan evolucionando para mantener su presencia.

Hoy, algunos de los impulsores más importantes de la volatilidad son la transformación digital, la globalización y «la nueva realidad» postcovid.

Incertidumbre

Se refiere a poca certeza con la que podemos predecir el futuro. Uno de los argumentos puede ser el escaso conocimiento o la mala interpretación de los hechos que están sucediendo. Cabe mencionar que, como actualmente vivimos en un mundo con cambios rápidos y drásticos, la predicción basada en el pasado es prácticamente imposible.

Complejidad

Una de las consecuencias de la globalización es que, para analizar el entorno, necesitamos tener en cuenta más factores, más variables y cómo se relacionan, es decir, el entorno se vuelve más complejo y nos dificulta la toma de decisiones basadas en conclusiones racionales.

Ambigüedad

Presenta la falta de claridad provocada por los factores que ya hemos mencionado. Ahora, una decisión puede tener una serie de efectos imprevistos e incontrolables, lo que requiere un estudio detallado y precisión extrema.

	Características	Efectos	Se requiere
Volatilidad	• Naturaleza del cambio • Velocidad del cambio • Dinámica del cambio	• Dificulta identificación de tendencias y patrones • Genera inestabilidad	VISIÓN
Incertifumbre	• Impredecibilidad • Desconocimiento de los resultados	Dificulta la anticipación de: • Riesgos y amenazas • Oportunidades	COMPRENSIÓN
Complejidad	• Multiplicidad de causas • Interrelación de factores	Dificulta la toma de decisiones	CLARIDAD
Ambigüedad	• Multiplicidad de interpretaciones	Desconocimiento de la situación	AGILIDAD

¿Cómo minimizar las consecuencias del entorno VUCA?

Para que una empresa *suavice* los resultados del entorno VUCA, debería considerar los siguientes cuatro aspectos:

- **Liderazgo.** Este punto se vuelve cada vez más importante, por lo que tenemos que elegir a personas con gran capacidad de dirigir a los equipos de trabajo para lograr los objetivos establecidos.
- **Entender al equipo.** Para involucrar al equipo en los procesos de cambio necesitamos conocer las aspiraciones, habilidades y nivel de compromiso con la empresa de cada miembro.
- **Transformación digital.** En el mundo globalizado, la transformación digital de una empresa o de ciertos procesos es imprescindible para mantener la competitividad.
- **Formación continua.** Permite actualizar y ampliar los conocimientos de los empleados y prepararlos mejor para enfrentarse a nuevos retos.
- **Ojo:** si quieres saber cómo implementar estos cuatro aspectos, yo te ofrezco la solución al final del libro.

¿Cómo sobrevivir al entorno vuca?

La mejor estrategia para que una empresa sobreviva a largo plazo es que se adapte a los cambios e imprevistos utilizando estas premisas:

Agil en un mundo VUCA

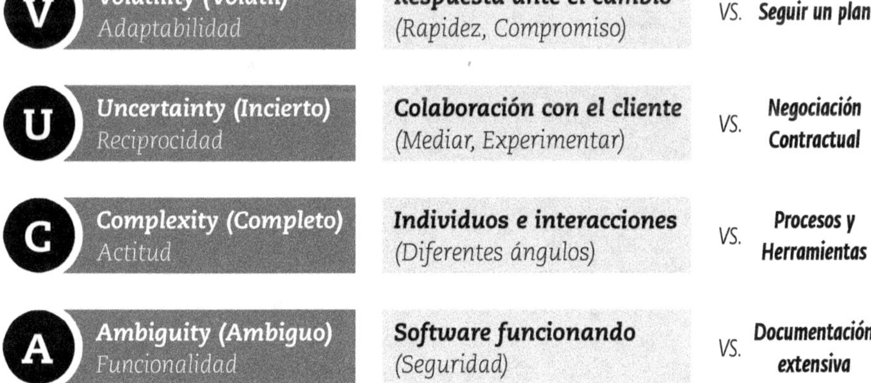

16 tendencias tecnológicas para las empresas, mercado e industrias del futuro

1. Economía digital.
2. Ciberseguridad.
3. *Blockchain*.
4. Aplicaciones móviles.
5. *Big Data*.
6. *E-Commerce*.
7. Automatización y virtualización.
8. Realidad aumentada y *gaming*.
9. Tecnología *As a service*.
10. Red y dispositivos 5G.
11. Drones y reconocimiento facial.
12. Impresión 3D
13. Digital *workspace*.
14. Computación cuántica y superordenadores.
15. Biotecnología y nanotecnología.
16. Sistemas de gestión empresarial mediante la nube.

Como vendedor o emprendedor debes aprovechar todas las herramientas tecnológicas, ya que te pueden ayudar a dar un salto cuántico para hacer más eficiente tu operación de negocio e incrementar tus ventas exponencialmente, pero también son nichos de mercado y oportunidades para migrar de sector o de industria como director comercial, gerente de ventas o, mejor aún, como distribuidor o representante comercial bajo una licencia o franquicia de estas aplicaciones tecnológicas, ya existen, sin necesidad de invertir o inventar el hilo negro.

Un ejemplo es mi alianza estratégica y comercial con la empresa de tecnología www.evidencetec.com dirigida exitosamente por mi buen amigo y socio Jorge Gidi, quien en los últimos diez años ha desarrollado uno de los *softwares* ERP y CRM más poderosos, modernos y eficientes de México y Latinoamérica. Brindando, una solución súper práctica, funcional e integral para las empresas, la cual se va actualizando cada treinta días directamente en la nube.

Muchas veces, el secreto de los negocios no está en producir, fabricar o desarrollar un producto, sino en comercializar algo que ya existe, algo que alguien más ya hizo; no hay necesidad de empezar desde cero, invertir en materias primas, en un *stock* de inventarios o pagar altas nóminas y rentas para oficinas; solamente se trata de enfocarnos en conseguir clientes potenciales y calificados, ofrecer una solución integral a sus problemas y cerrar la venta. Ya lo dice el famosos eslogan de la sección amarilla: «Hay que ahorrar tiempo, dinero y esfuerzo».

Las ventajas de tener un ERP en tu empresa

Yo, vendedor o ¿vendedor yo?

Soy Israel Navarro Aguilar, nací el 24 de agosto de 1976; soy contador público de profesión por la Universidad Autónoma de Coahuila, unidad Torreón, y soy vendedor.

Mis padres son Mario Navarro Romero, de 80 años, y Virginia Aguilar Romo, de 70; originarios de San Pedro las Colonias Coahuila y Encarnación de Díaz Jalisco la «Chona», respectivamente.

Mi padre es huérfano de padre y madre desde los 8 años, sólo estudió hasta la secundaria y, desde que yo recuerdo, jamás tuvo un trabajo formal, siempre se dedicó a las ventas y al comercio de manera informal en calles y cantinas. Como él decía: «A hacer *bussines* o tranzas». Él siempre estaba en alerta máxima escuchando quién vendía algo o quién quería comprar algo para ser la conexión y ganarse un billete.

Mi madre también estudio hasta la secundaria y, desde pequeño, siempre la vi como una emprendedora, creativa y negociadora para hacer que el poco dinero que había en nuestra casa alcanzara para mantener a la familia. Mi abuelita me contaba que su hija, desde los 6 años, se dedicaba a confeccionar pequeñas costuras y manualidades que vendía entre sus amistades, además de sus dibujos, retratos, poemas y pinturas al óleo, ya que siempre tuvo habilidades artísticas.

Ya grande, *yo, vendedor* recuerdo haber ayudado a mi madre; la vi vendiendo en las noches y fines de semana, después de cumplir su jornada laboral como empleada de una fábrica en una zona industrial; en un pequeño estanquillo que teníamos en la casa vendía taquitos y pozole. Años después, dio clases para gente que quería aprender a dibujar y hacer tarjetería.

Durante muchos años sepulté aquello en mi mente, me cegué y me negué a aceptar que en mi sangre corre el espíritu emprendedor y en mi ADN está ser un vendedor.

A veces creo que la pobreza, los momentos precarios y ver que mis padres no tenían un trabajo formal me cauterizó por mucho tiempo para aceptar mi naturaleza de emprendedor y vendedor, por lo que me resigné, por casi 15 años, a ser un esclavo asalariado en diferentes empresas, y un *godínez* burócrata dentro del gobierno.

Me enfoqué y concentré en romper esa maldición generacional que tanto me atormentaba y en ser diferente a mis padres, por lo que decidí estudiar una carrera y conseguir un trabajo formal que me diera un buen ingreso y estabilidad, lo cual nunca vi ni disfruté durante mi infancia y juventud.

Mis padres no tienen una educación formal, pero sí una férrea formación de valores morales y espirituales. Algo que quedó muy marcado en mi mente y me dolió en el alma, fue que siempre los pleitos o discusiones en el hogar eran por dinero: hubo escases y apuros durante muchos años.

Tuve mi primer acercamiento al mundo de las ventas a los 6 años, cuando mis padres me pusieron una mesita en la cochera, afuera de mi casa, en la que vendía dulces, golosinas y naranjas con chile. Mi madre dice que yo disfrutaba atender a los vecinos, niños y adultos, además, apoyaba a la economía, ya que en esa época —los años ochenta— hubo una fuerte devaluación del peso.

Cuando yo tenía 8 años nos mudamos a una colonia popular, obrera. Recuerdo que caminaba por las tardes, después de la escuela y de hacer la tarea, entre los andadores y calles vendiendo casa por casa, junto con mi hermano, tostadas de aguacate y frijoles. Además, realizaba otras actividades para ganar dinero, ya que siempre era el chalán de mi padre los sábados y domingos cuando vendía pollo asado; entre semana, libros usados y hielitos de diferentes sabores.

Ya en la secundaria, los fines de semana mis padres ponían una venta de garaje en la que ofrecían ropa y artículos del hogar usados que otras personas me dejaban a consignación.

En la preparatoria fui a la Ciudad de México a comprar ropa, accesorios y artesanías.

Durante el primer año de universidad me dediqué a trabajar para una empresa editorial, en la cual vendía diccionarios enciclopédicos casa por casa en colonias y barrios populares, sin recibir ningún tipo de sueldo base o prestaciones, solamente comisiones. Después de esta experiencia tuve la oportunidad de empezar a hacer prácticas en un despacho contable y no volví a las ventas, hasta muchos años después.

Recuerdo un par de frases que siempre me decía mi papá: «Tú no vendes a tu madre porque Dios es grande» y «Parece que tienes sangre de judío, todo quieres vender». Y la verdad es que me daban risa y en el interior me sentía orgulloso de que mi padre lo pensara.

Las frases de mi madre eran: «La jodidez es la madre de la creatividad» y «Jamás vendas por dinero, siempre disfruta ayudar a las personas solucionando sus problemas y ellos te darán el dinero con entusiasmo».

Si tuviera que decir por qué mi papá vendía bien, creo que era gracias a su habilidad en las relaciones públicas, en el contacto con las personas, es decir, por su *networking*.

Mi madre era buena vendedora gracias a su amor, pasión y vocación natural por servir y ayudar a las personas.

Tengo dos hermanos, Sinaí y Argelia Noemí. El primero es todo un personaje excéntrico e intelectual, tiene dos licenciaturas, Derecho e Historia, además de una maestría en criminología; trabajó durante varios años en despachos jurídicos y para la Suprema Corte de Justicia de la Nación; aprendió a tocar siete instrumentos (acordeón, clarinete, saxofón, mandolina, gaita, piano, zanfona). Un buen día, de la nada, dijo haber tenido un encuentro espiritual y abandonó todo para recorrer México y después ir a España por casi un año, tocando en las calles, eventos sociales y culturales, fiestas familiares y hasta funerales. Hoy tiene una escuela de música para niños en una exclusiva zona residencial, vende miel orgánica y pan artesanal, los fines de semana se dedica a comprar, restaurar y vender muebles antiguos.

Mi hermana Argelia vive en Ontario, Canadá, y tiene un pequeño emprendimiento de limpieza para oficinas y hoteles, además, los fines de semana vende comida mexicana a sus vecinos y a toda la comunidad latina de la ciudad.

En enero de 2009, después de cumplir 33 años, entre en una crisis emocional y existencial; me di cuenta de que no había logrado muchas cosas. Una tarde, al salir de la oficina, me fui a ver libros de autoayuda y negocios en un Sanborns que estaba como a quince cuadras de mi trabajo; hubo uno en especial que llamó mi atención: *El arte de hacer dinero*, de Mario Borghino. Leí dos capítulos y me enganchó, por lo que fui a la caja y lo pagué. Eran como las cuatro de la tarde y lo leí durante todo el día, hasta terminarlo a las dos de la mañana. Cuando lo cerré sentí en mi mente, alma y corazón un *despertar* espiritual que me decía: «Tienes que hacer cambios radicales para ver resultados positivos», y entonces decidí tomar el camino del emprendimiento, las ventas y los negocios, empezando por un proceso riguroso de sanar mis finanzas personales, que en ese momento eran un desmadre total.

Revisé mis gastos, hice un presupuesto mensual, ahorré, me impuse disciplina para vivir por debajo de mis ingresos y examiné algunas ideas para invertir. Decidí ir a la Ciudad de México con mi hermana, a la zona de Tepito, para comprar accesorios de moda para dama y caballero, los cuales vendía en las oficinas de gobierno en la que trabajaba, con amigos, familiares y recomendados, a crédito y en abonos. Quedé sorprendido al ver cómo volvió poderosamente esa habilidad que estuvo dormida durante años para identificar necesidades, buscar clientes potenciales y comercializar mis productos, por lo que en tan sólo 90 días logré sanar mi economía familiar y juntar mis primeros cien mil pesos, cantidad que nunca había tenido junta en mis manos, ya que vivía de mi salario como *godín* burócrata en una oficina de gobierno municipal, en la cual ganaba $17,500, cantidad que me era insuficiente, ya que para esa época mis hijos Emilio y Braulio tenían 6 y 5 años.
No habían pasado ni cuatro meses de esta transformación positiva cuando, en abril, dos cosas cambiaron brutalmente mi vida: fui víctima de un secuestro y tres días después de haber sido liberado me anunciaron que quedaba despedido de mi trabajo en el Gobierno, sin darme una explicación.

Estoy convencido de que cuando algo te es arrebatado es porque vienen cosas mejores y creo que Dios o el universo me estaban preparando para una nueva etapa crecimiento, desarrollo y progreso. Todo esto fue abrupto y me tomó por sorpresa, fue muy doloroso triste y desconcertante al principio, pero después todo empezó a tomar sentido gracias a una mentalidad y actitud positiva, a una fe poderosa e inquebrantable en el futuro.

Superado emocionalmente este incidente, unos meses después, con el poco dinero que tenía reunido de mi liquidación y ahorros que me quedaron de mis ventas, después de esa amarga experiencia delictiva, fui en el mes de septiembre a la Semana Nacional del Emprendedor que organizaba el Inadem (Instituto Nacional del Emprendedor) en el Centro Banamex, en la Ciudad de México, para cambiar mi visión y ver si podía traerme alguna franquicia o una idea de negocio para emprender en mi ciudad; ahí tuve la oportunidad de conocer a uno de mis mentores, el cual tenía una empresa en Guadalajara en la que comercializaba páginas web, comercio electrónico y marketing digital. Él me otorgó una licencia de su marca por una pequeña inversión de $75,000, la cual era un chingo para mí, sobre todo en la situación que estaba viviendo: desempleado.

Regresé feliz, ya que puse oficinas y esto me dio un sentimiento de crecimiento y prosperidad, pues me sentía un emprendedor, un empresario serio y formal, y dejé de vender chácharas en la informalidad, como lo había hecho mi familia durante muchos años.

Para ser honesto, sentí que empecé a perder la magia para vender, ya que estaba acostumbrado a hacerlo de persona a persona y jamás directamente a empresas, pasando por todo un proceso comercial y de negociación técnica y rigurosa.

Mi mentor me habló fuerte y me exhortó a ser más profesional en mis ventas, por lo que me asesoró para aprender diferentes técnicas y metodología a través de la capacitación y lectura constante de libros.

Tuve un gran acercamiento con literatura de grandes gurús de las ventas, como Dale Carnegie, Alex Dey, Miguel Ángel Cornejo, Og Mandino, Zing Ziglar, Stephen R. Covey, Brian Tracy, Tony Robbins, Grant Cardone, Neil Rackham, por mencionar sólo algunos.

Sentí tal emoción y pasión al descubrir ese mundo y conectarlo con mi habilidad primitiva y autóctona para las ventas, que decidí dejar de andar tocando puerta tras puerta en las empresas y organizar pequeñas charlas empresariales para promover mis servicios de venta de páginas web, comercio electrónico y marketing digital; las hacía en diferentes cámaras empresariales de mi ciudad, llegando a juntar grupos desde 30 hasta 120 personas.

Mi hermano acababa de llegar de España después de un año y me acompañó a mi tercera reunión, al salir me dijo: «No seas pendejo, deberías cobrar las pláticas y no regalarlas». Contesté que no era necesario, ya que al hacerlo gratis podía reunir a un número importante de prospectos y clientes potenciales para vender mis servicios. Él insistió: «¿En verdad no eres capaz de darte cuenta de varias cosas tienes a favor? Tienes un talento natural para transferir el conocimiento, facilidad de palabra, gracia y carisma; eres un apasionado de la docencia, ya que tienes diez años dando cátedra universitaria y eres amante de la lectura. Deberías cobrar por esto, aunque sea una cuota simbólica o de recuperación… Es más, te reto a que cambies tu modelo de negocio de vender páginas web y te dediques mejor a tener una firma de consultoría y capacitación».

Para mi siguiente plática empresarial, que organicé en un lujoso e importante hotel, tuve la audacia de cobrar $300 por participante y me quedé sorprendido de que más de 150 personas asistieron al evento. En ese momento nació HASKALÁ, Soluciones Empresariales S.C.

Mi amor por los libros nació debido a las horas que pasaba entretenido leyendo todos los volúmenes de segunda mano que mi padre vendía; con ellos soñaba y fantaseaba con algún día tener un negocio y ser millonario, además de escribir un libro y poder viajar por todo el mundo dando conferencias.

Mi amor por la docencia nació gracias a algunos maestros y guías espirituales durante mi formación académica; ellos podían ver en mí dones y talentos que yo jamás había podido notar, pues era un niño desadaptado para el sistema educativo, ya que sufría, sin saberlo y sin ser diagnosticado, de dislexia, hiperactividad y déficit de atención. El amor y paciencia de esos pocos maestros fue lo que me inspiró y me hizo prometerme un día dar clases y ser igual que ellos, ayudando a los jóvenes problemáticos, extraviados y sin futuro, es decir, a los que la sociedad y el sistema educativo rechazan.

Insisto: creo que por muchos años abandoné el emprendedurismo, las ventas y los negocios debido a la pobreza y escasez económica que por muchos años invadió mi hogar. Siento que a mi padre le faltó visión a largo plazo y constancia para alcanzar el éxito en los negocios. A mi madre le faltó valorar su trabajo y poner un precio justo a sus creaciones artísticas; era muy permisiva y condescendiente con los clientes. Todo esto me decepcionó y me juré que yo no sería igual, aunque, sin darme cuenta, ya tenía insertado el chip emprendedor y apasionado por las ventas.

Por mucho tiempo soñé y albergué en mi corazón la idea de algún día escribir un libro. En pláticas familiares y carnes asadas con amigos, me animé a contar esta idea; unos me decían que sería muy interesante y otros se reían a carcajadas, alegando que me dejara de chaquetas mentales y mejor me pusiera a trabajar para hacer dinero.

En agosto de 2019, cuando me encontraba cursando una certificación en PNL, en una sesión el coach realizó un ejercicio de visualización hacia el futuro; nos preguntaron por un sueño o idea que tuviéramos pendiente y por qué no lo habíamos logrado, qué era lo que nos había hecho falta; nos pidieron que pensáramos en todos los beneficios que podríamos obtener de hacerlo y lo que perdíamos por no realizarlo. Ese momento para mí fue un chingadazo mental, fue como si me dejaran caer un marró en la cabeza.

Mi coach se acercó a mí, me miró fijamente a los ojos y me pidió que le contara mi sueño: escribir un libro.

—Tienes que tomar acciones hoy mismo —me aconsejó—. Tienes que visualizarte como si fueras ya un escritor, vivir y sentir como si fueras uno de ellos. ¿Has ido alguna vez a la fil Guadalajara, te has regalado la oportunidad de conocer a grandes escritores, casas editoriales y vivir en ese mundo del cual quieres ser parte?

—No, jamás —respondí.

—Entonces tienes que hacerlo para que veas, conozcas, aprendas, sientas y disfrutes sensorialmente de todo lo que te estás perdiendo. En ese momento encontrarás, la fuerza, coraje, energía e inspiración para tomar acción y empezar a escribir tu libro.

En ese momento tomé la decisión de ir por primera vez a la Feria Internacional del Libro de Guadalajara, donde conocí a mis editores.

> *Cuando tomas decisiones y acciones, la magia sucede con las conexiones divinas. ¿Cuál es tu historia? ¿Cuál es tu sueño y qué esperas para realizarlo?*

Conviértete en el mejor vendedor

Yo, Israel Navarro, soy un escritor, conferencista, consultor y coach certificado, especializado en liderazgo, desarrollo humano y gestión de equipo de alto desempeño, enfocado en potencializar el **talento** de empresas, negocios, ejecutivos y emprendedores en las áreas estratégicas de comercialización, comunicación, marketing y ventas. Cuento con más de 15 años de experiencia, 35 mil horas como capacitador y he entrenado a más de 10 mil vendedores.

Soy socio fundador y director comercial de la firma de consultoría, capacitación y coaching www.haskala.mx, productor creativo y cofundador del podcast *Universo RRRHH*. Vivo en las ciudades de Torreón, Coahuila, y Mazatlán, Sinaloa, en México.

Imparto conferencias, cursos, talleres, seminarios y diplomados en diferentes corporativos, empresas, PYMES y cámaras empresariales, enfocado exclusivamente en enseñar estrategias efectivas de ventas, marketing y servicio al cliente de forma divertida, práctica y útil. Igualmente brinda cátedra en distintas universidades públicas y privadas en áreas de negocios.

Además, soy un apasionado de brindar entrevistas y diseñar capsulas de televisión, radio o prensa, dirigidas a motivar el emprendedurismo de nuevos negocios y una gestión efectiva de las Pymes.

> *Soy amante del café, del buen humor y estoy esperándote para hacerte crecer.*

¿Eres conferencista, consultor, capacitador, coach, emprendedor, dueño de Pymes o vendedor profesional?

Me encantaría certificarte, acreditarte y avalarte como **embajador exclusivo**, especializado en el uso y aplicación de nuestra metodología única el *Kamasutra del vendedor* bajo una licencia de marca autorizada para tu ciudad o país.

Comunícate conmigo y aprovecha esta excelente oportunidad para afiliarte y unirte a esta poderosa red internacional de profesionales, especializados en diseñar y ofrecer soluciones integrales a empresas e instituciones.

INFORMES:
ww.haskala.mx
informes@haskala.mx
WhatsApp: 8717182523

Notas